Frederic David Mocatta, Simon Kayserling

Die Juden in Spanien und Portugal und die Inquisition

Frederic David Mocatta, Simon Kayserling

Die Juden in Spanien und Portugal und die Inquisition

ISBN/EAN: 9783743349773

Hergestellt in Europa, USA, Kanada, Australien, Japan

Cover: Foto ©ninafisch / pixelio.de

Manufactured and distributed by brebook publishing software (www.brebook.com)

Frederic David Mocatta, Simon Kayserling

Die Juden in Spanien und Portugal und die Inquisition

Die
Juden in Spanien u. Portugal

und

die Inquisition.

Von

Frederic David Mocatta.

Ins Deutsche übertragen

von

Dr. H. Kayserling.

Hannover.
Schmorl & von Seefeld.
1878.

Druck der Buchdruckerei von Arnold Weichelt in Hannover.

Vorwort.

Die kleine historische Skizze, die ich dem deutschen Leserkreise in Uebersetzung aus dem Englischen in den folgenden Blättern biete, ist nicht das Werk eines Historikers von Fach, sondern das eines Mannes, dessen Arbeitsfeld dem Gebiete des praktischen Lebens angehört. Dieser Umstand kann indeß das Schriftchen in seinem Werthe nicht ab= schwächen. Der Verfasser, ein würdiger Nachkomme jener hochherzigen spanischen Juden, deren Leiden und Dulden er in großen Zügen uns vorführt, hat sich mit der gan= zen Hingebung eines Geschichtsforschers in die Quellen ver= tieft und ältere und neuere Werke gewissenhaft zu Rathe gezogen.*) Gleich jenen sucht er in seiner einflußreichen Stellung zu London nicht allein die materielle Lage seiner

---

*) Als Hauptquellen, denen Thatsachen entnommen sind, werden von dem Verfasser angeführt:
Graetz: Geschichte der Juden.
Kayserling: Geschichte der Juden in Portugal.
Kayserling: Ein Feiertag in Madrid.
Lindo: History of the Jews in Spain and Portugal.
Llorente: Historia de la Inquisicionde Espana.
Hercolano: Da origem e establecimento da Inquisiçao em Portugal.
Amador de Los Rios: Estudios sobre los Judios en Espana.
Amador de Los Rios: Historia de los Judios en Espana vols I. II.
Bedarride: Les Juifs en France, en Italie et en Espag e.
Anonymus (Nieto): Procedimiento de las Inquisicion°s en Espana y Portugal etc., etc.

Glaubensbrüder zu heben und jedes edle Streben zu fördern, sondern auch Bildung und Wissen in jene Kreise zu tragen, die unter dem Druck eines sorgenvollen Daseins, nur zu häufig jeder höheren geistigen Regung fern bleiben. Einem solchen Anlaße verdankt auch diese kleine Schrift ihre Entstehung. Sie war, wie der Verfasser in seiner Vorrede sagt, ursprünglich eine Vorlesung, die in einem jüdischen Handwerker-Vereine in London gehalten wurde und die, nach gewonnener Ueberzeugung, daß sie auch für weitere Kreise Interesse haben würde, später durch den Druck der Oeffentlichkeit übergeben wurde. Wir besitzen zwar vortreffliche Bücher, die diesen Zeitraum der Geschichte eingehend behandeln, trotzdem wird sich, wie ich hoffen darf, diese mit gütiger Erlaubniß und Unterstützung des Verfassers vorgenommene Uebertragung, nicht ganz nutzlos erweisen. Denn aus keinem Theile der jüdischen Geschichte lassen sich wohl allseitig so viele Lehren ziehen wie aus dem Abschnitte, der den Aufenthalt auf der pyrenäischen Halbinsel, diesem Lichtpunkt ihrer düsteren und bewegten Schicksale, schildert. Niemals ist es so klar zu Tage getreten, bis wie weit Intoleranz und religiöser Fanatismus sich verirren und welche blutige Früchte sie zeitigen können; niemals waren warmer Glaubenstreue und innerer Ueberzeugung so harte, schwere Proben auferlegt, und niemals wurden sie so freudig ertragen und glänzend überwunden. Möge die Uebersetzung wie das Original die humane Absicht des Verfassers erfolgreich unterstützen! Möge besonders das Vorbild jener glaubenstreuen Geschlechter, die ihr spanisches Vaterland innig liebten und in dem Glauben ihrer Väter selbst durch Marter und Tod nicht erschüttert werden konnten, unsrer Generation, die, dem Herrn sei Dank, glücklichere Zeiten sieht, vorleuchten, um gleich jenen treue Bürger des Vaterlandes und gewissenhafte Träger ihres Glaubens zu sein.

Hannover, im October 1878.

Dr. M. Kayserling.

Die erste Ansiedlung jüdischer Abkömmlinge auf der iberischen Halbinsel verliert sich in eine graue Zeit, aus der zuverlässige Nachrichten nicht zu uns gekommen sind; aber schon früh nahm das jüdische Volk in diesem Lande durch seine wissenschaftlichen Erfolge und seinen Reichthum eine hervorragende Stellung ein. Jahrhunderte lang fühlte es sich hier vollständig eingebürgert und konnte dem süßen Traume sich hingeben, in einem neuen Judäa zu weilen und darüber des Schmerzgefühls, im Exile leben zu müssen, fast vergessen.

Geschichtlich unangezweifelt ist die Thatsache, daß die Handel treibenden Phönizier in sehr früher Zeit die verschiedenen Häfen des mittelländischen Meeres besuchten; die durch Abstammung ihnen und durch die Sprache auch den Hebräern verwandten Karthager haben gleichfalls hier Städte gegründet und Colonien an der Küste angelegt. Dieser Umstand mag wohl den Anlaß zu der Tradition gegeben haben, die Juden seien schon in den Tagen Salomos auf der Halbinsel seßhaft gewesen und das Tarschisch der Bibel sei mit dem Tartessus der Alten, einem Bezirke Süd-Spaniens mit der Hauptstadt Gades, dem heutigen Cadix, identisch. Auch Nebuchadnezar soll nach gleicher Annahme in Spanien Eroberungen gemacht haben, wohin er Gefangene aus dem besiegten Königreich Judäa als Colonisten verpflanzte. So seltsam und unglaubwürdig diese Legenden auch klingen mögen, sie wurden dennoch von den spanischen Juden späterer Zeiten mit Vorliebe weiter getragen. Schon in sehr früher Zeit — das ist historisch nachweisbar — wandten sich die Juden nach der Halbinsel, und sie fanden sich bereits in großer Zahl über die verschiedenen Bezirke des Landes zerstreut vor, als dieses nach dem Fall des römischen Reiches von den Gothen und Vandalen erobert wurde.

Bald nach dem Jahre 300 wurden, noch unter der römischen Herrschaft, auf dem zu Elvira bei Cordova abgehaltenen Concile die ersten beengenden Maßregeln gegen die Juden gefaßt; dennoch genossen sie in Folge der mit dem Einfall der Barbaren einreißenden Verwirrung und des duldsamen Geistes der ersten gothischen Könige, welche Arianer waren, für mehr als zwei Jahrhunderte einer verhältnißmäßig glücklichen Ruhe. Ihre Lage änderte sich jedoch, als gegen Ende des sechsten Jahrhunderts das römisch-katholische Bekenntniß zur Herrschaft im gothischen Spanien gelangte. Die intoleranten Edicte der Concilien, die hauptsächlich in Toledo abgehalten wurden, waren die traurige Veranlassung zu jenen bald erfolgenden Zwangs- und daher Scheinbekehrungen, die in späterer Zeit solch beklagenswerthe und widerwärtige Erscheinungen zu Tage förderten. Die Verfolgungen gewannen mit jeder Wiederkehr an Heftigkeit, so daß die Juden sich genöthigt sahen, schaarenweise von Süd-Spanien aus eine Zufluchtsstätte auf der afrikanischen Küste zu suchen. Hier bildete sich bald ein freundschaftliches Einvernehmen zwischen ihnen und den Mauren, das die letzteren zu ihrem Vortheil auszunutzen wußten, als sie kurz darauf die Meerenge überschritten und in die Halbinsel einfielen. Der erste mit Erfolg gekrönte Einfall der Moslemen fand im Jahre 711 statt; dem gewaltigen Ungestüm ihres Angriffes konnten die zerfahrenen gothischen Staaten nicht widerstehen; ganz Spanien und Portugal war in weniger als fünf Jahren ihrem Scepter unterworfen. Die Sympathien der unter gothischer Herrschaft unterdrückten und niedergeworfenen Juden waren zweifelsohne ganz und gar auf Seiten der Eroberer, zu denen sie sich ohnehin durch verwandte, monotheistische Grundsätze und gemeinsame, semitische Abstammung hingezogen fühlten. Anfangs waren sie nur stille Zuschauer des Kampfes, bald aber gewannen sie das Vertrauen der Moslemen in so hohem Grade, daß ihrem Schutze die Bewachung Sevillas, Granadas und anderer großen Städte anvertraut wurde. Man behauptet die Juden von Toledo hätten am Palmsonntag 712 den Angreifern die Thore der Stadt geöffnet, während die Vertheidiger in Procession zur Feier des Festes einherzogen; aber es fehlt an hinreichender Begründung für diese Anklage. Die neuen Herren des Landes gewährleisteten den Juden vollkommene Duldung in der Ausübung ihrer Religion und sofort wandten sich die gewaltsam zum Christenthum Bekehrten zu ihrem alten väterlichen Glauben zurück. Die jüdische Bevölkerung auf der Halbinsel schwoll um diese Zeit gar mächtig an, da andere Juden in großer Zahl den Zügen der moslemischen Heere folgten. Nachdem sie einmal auf spanischem Boden festen Fuß gefaßt hatten, wußten sie sich standhaft zu behaupten, selbst dann noch, als nach einigen Generationen die Tapferkeit der Christen den Mohamedanern einen beträchtlichen Theil des Landes wieder entriß. Nun erblühten jüdische Gemeinden nicht allein in den bedeutenderen Städten Spaniens und Portugals, sondern auch jenseits der Pyrenäen in ganz Süd-Frankreich. —

Die neuen Eroberungen der Moslemen wurden zuerst unter die Herrschaft der arabischen Kaliphen von Damascus gestellt; aber um das Jahr 750 glückte es Abb-er-Rahman I., sich eine Revolution in der östlichen Hauptstadt zu Nutze zu machen und sich für unabhängig zu erklären. Er regierte mit großer Weisheit und Mäßigung und war ein Beschützer der Wissenschaften zu deren Hebung er die Universität zu Cordova gründete, welche schon nach einigen Jahrzehnten mit den von seinen Nachfolgern Abb-er-Rahman II. und III. zu Sevilla, Granada und Lucena errichteten Schulen der Hochsitz der Gelehrsamkeit jener Tage wurde. Das Ziel seines Strebens war vorzugsweise dahin gerichtet, sein neu erworbenes Reich einem hohen Glanze entgegenzuführen und die Anwesenheit jüdischer Gelehrten schien ihm hierzu ein willkommenes Mittel. Freudig ergriffen diese die günstigen Anerbietungen und nahmen die Einladung zum Uebersiedeln gern an.

Trotz des Verlustes der nationalen Selbstständigkeit hatten die Juden durch das ununterbrochene Studium des mosaischen Gesetzes sich die Kraft des Geistes ungebrochen erhalten. Als bleibendes Denkmal ihrer Geistesfrische steht der Talmudcodex da, den sie inzwischen ausgearbeitet hatten Ihre nächste Thätigkeit war, dessen Verständniß gründlich zu erschließen und sich in Erklärungen zu erschöpfen; dabei zogen sie Fragen über Philosophie, Naturwissenschaften und staatliche Verhältnisse, ja selbst über Nationalöconomie in den Kreis ihrer Untersuchungen. Diese Studien wurden in den Academien, welche in den ersten Jahrhunderten der christlichen Aera in Palästina, Persien und Egypten gegründet waren, eifrig gepflegt. Sie schützten die jüdischen Flüchtlinge vor dem Verfall in jenen Zustand geistiger Abgestumpftheit, den das finstere Mittelalter als Kainszeichen an der Stirne trug. Die in Alexandrien wüthenden Verfolgungen und der mit dem plötzlichen Auftreten des Islams aufflammende Fanatismus nöthigte die Juden, diese liebgewonnenen Pflanzstätten der Wissenschaft zu verlassen. Was konnte ihnen daher erwünschter sein, als in hellen Haufen nach jenen neu erschlossenen Quellen zu wandern, die ihnen eine günstige Gelegenheit darboten, Wissen zu erwerben und auszusäen.

Die maurischen Regenten, welche auf Abd=er=Rahman folgten, zeigten sich den jüdischen Gelehrten nicht weniger freundlich gesinnt. Das für die jüdische Literatur erwachte Interesse war so groß, daß gegen Ende des zehnten Jahrhunderts Rabbi Joseph Ibn=Abitur im Auftrage des Kaliphen Hakim die ganze Mischne ins Arabische übersetzen mußte. Dürfen wir aus den von der Geschichte uns aufbewahrten Namen einen Schluß auf die Religion ihrer Träger ziehen, so scheint fast die Annahme gerechtfertigt, als habe die bei weitem größere Zahl aller ausgezeichneten

Gelehrten dieses Jahrhunderts dem jüdischen Stamme angehört. Als Dichter, Philosophen, Astronomen, Aerzte, Mathematiker und Grammatiker erwarben sich viele Juden hohe Ehren und unverwelklichen Ruhm. Noch unschätzbarer aber ist das Verdienst, das andere Glaubensgenossen vermöge ihrer Sprachgewandtheit der Wissenschaft und Literatur leisteten, indem sie die classischen Schriftsteller des Alterthums in das Arabische übertrugen und wiederum dem Westen die Geistesschätze des Ostens erschlossen und das Ganze zu einem Gemeingut der Menschheit machten. Welchen Zweig der Literatur und Wissenschaft indeß die gelehrten Juden dieses Zeitalters auch immerhin pflegen mochten, so viel steht fest, das Studium ihrer heiligen Schriften und ihrer alten Commentatoren und Exegesen blieb unverrückt die Basis ihrer gesammten Geistesthätigkeit. Die jüdischen Schriftsteller und Poeten des elften, zwölften und dreizehnten Jahrhunderts hatten sich in die Sprache ihrer Ahnen, in die Kenntniß des Hebräischen, vertieft und hauchten ihr wieder frisches Leben ein. In classischer Prosa schrieben sie zahlreiche Abhandlungen religiösen, philosophischen und allgemein wissenschaftlichen Inhaltes und in ergreifenden, herrlichen Hymnen und Oden wetteiferten sie sowohl in dem hohen Flug der Gedanken, als in der Glätte der Diction mit den besten Erzeugnissen der biblischen Poesie. So glänzten während voller vier Jahrhunderte eine lange Reihe bedeutender jüdischer Schriftsteller, die sich in ihren vielseitigen Abhandlungen außer dem Hebräischen wohl auch häufig des Arabischen bedienten.

Die dunkle Philosophie jener Tage hat schon lange praktischeren Studien weichen müssen und die Sprachweise, in welcher jene Schriften abgefaßt sind, ist in Europa zu wenig bekannt, um annehmen zu können, daß selbst die Gelehrten von heute mit diesen Werken noch irgendwie vertraut wären. In den bigotten Tagen verfolgungssüchtiger Ausschreitung sind überdem zahlreiche Schriften dieser gelehrten Juden in Ost und West einer muthwilligen Vernichtung anheimgefallen und für immer verloren. Sie waren ja die Geisteserzeugnisse einer gehaßten und ketzerischen Race! Anderen Dichtungen war ein glücklicheres Loos beschieden, sie leben noch heute in der jüdischen Liturgie und üben ihren alten Reiz aus nicht weniger durch die herzergreifende Tiefe des sie durchwehenden Gefühls, als durch die Correctheit ihrer Verse und die Reinheit ihrer Sprache.

Die Erwähnung einiger der hervorragendsten Männer dürfte an dieser Stelle wohl angemessen erscheinen, denn sie gereichen nicht weniger ihrem Geburtslande und Zeitalter, als ihrem Volke zur Ehre. Wir greifen aus der großen Zahl zunächst den dem elften Jahrhundert angehörenden Dichter und Philosophen Salomo Ibn-Gabirol heraus. Das zwölfte Jahrhundert überliefert uns den Dichter Jehuda Halevi und die zu derselben Zeit blühende ausgezeichnete Familie Ibn-Esra. Viele Glieder dieses Geschlechtes nahmen hohe, verantwortliche Stellungen im Staate ein; jedenfalls war der bedeutendste der Familie der als Commentator, Grammatiker und Mathematiker geschätzte Abraham Ibn-Esra, der im Jahre 1194 starb.

Dasselbe Jahrhundert brachte den wohlbekannten Reisenden Benjamin von Tudela und den großen Mose ben Maimun oder Maimonides hervor. Kein Volk und kein Religionsbekenntniß des Mittelalters hat einen Mann aufzuweisen, der mit ihm verglichen werden könnte. Maimonides (geb. zu Cordova 1135, gest. zu Tostat bei Cairo 1204) war ebenso groß als Philosoph, Arzt, Astronom wie als Commentator; seine bändereichen Schriften sind theils in hebräischer, theils in arabischer Sprache abgefaßt. Sie wirkten mit tief einschneidender Gewalt auf die Geistesrichtung seiner Zeitgenossen und haben einen dauernden Einfluß auf seine Glaubensbrüder sich bewahrt. Die hohe Achtung, welche diese ihm zollten, hat in den kurzen, bezeichnenden Worten Ausdruck gefunden: „Von Mose bis Mose stand kein Mann auf wie Moses!"

Im 12. und 13. Jahrhundert blühte in Süd-Frankreich die berühmte Familie der Grammatiker Kimchi. Der bekannteste ist der 1235 gestorbene David Kimchi. Rabbi Moses ben Nachman, der gleichfalls im 13. Jahrhundert lebte, war ebenso ausgezeichnet als Commentator wie als Arzt. Alfons von Castilien, mit dem Beinamen der Weise, wußte die Bedeutung jüdischer Gelehrten wohl zu würdigen und bei seinen wissenschaftlichen Untersuchungen, durch welche er die Grundlage zu einem neuen System der Astronomie legte, beschäftigte er mit Vorliebe jüdische Staatsangehörige und zog sie gern in seine Nähe.

Im Laufe weniger Jahrhunderte wurden die Mauren nach und nach gezwungen, den größten Theil ihrer Eroberungen auf der Halbinsel wieder aufzugeben, zuerst die nördlichen Länderstriche, dann Toledo, ganz Portugal, Valencia, Majorka, Sevilla und Cordova. Von der Mitte des 13. Jahrhunderts bis zum Schluß des fünfzehnten konnten sie nur noch das Königreich Granada ihr Eigen nennen. Um diese Zeit war die Zahl der jüdischen Einwohner wahrscheinlich auf mehr als eine Million gestiegen und bildete in ihrer Verbreitung über das ganze Land nahezu ein Achtel der Bevölkerung. Unter ihnen befanden sich alle die genannten glänzenden Namen und viele wegen ihrer Geschicklichkeit gesuchten Aerzte, aber eine nicht minder große Bedeutung erlangten sie für das Land durch die Gewandtheit, den Handel und Verkehr zu vermitteln. Sie waren die Kaufleute, die, fast sollte man glauben durch Naturanlage, in den Besitz der damals noch wenig verbreiteten Kenntnisse über Finanzverhältnisse und Grundsätze der Nationalöconomie gelangt waren.

Die Verhältnisse des Landes kamen ihnen besonders zu statten, der Adel verfolgte ehrgeizige Ziele und ging kriegerischen Gelüsten nach, die kleinen Mühen des Lebens selbstsüchtig verschmähend. Aus diesem Grunde überließen sie den Juden die Verwaltung ihrer großen Güter und die sparsam wirthschaftenden Vasallen wurden auf diese Weise häufig die Gläubiger ihrer verschwenderisch lebenden Herren. Auch die Geistlichkeit, die durch Schenkungen in den Besitz bedeutenden Grundeigenthums gelangt war, verschmähte es nicht, sich der Hülfe der Juden bei der Bewirthschaftung ihrer Ländereien zu bedienen und selbst die Könige übertrugen ihnen zu österem das Amt der Schatzmeister. Fiscalische Rechte übend, wußten sie allmählig die Steuererhebung durch Pachtung sich in die Hände zu spielen.

Die Juden hatten trotzdem unter gewissen Beschränkungen zu leiden. So mußten sie eine jährliche Kopfsteuer von 34 Maravedis (1 Mark 50 Pfennige) zahlen, sie durften keine Waffen führen und waren gesetzlich verpflichtet, ein abgeschlossenes Stadtviertel zu bewohnen und ein Erkennungszeichen an ihren Kleidern zu tragen, Bestimmungen, welche sie oft nach Kräften zu umgehen suchten. Mit der Zeit erfolgten weitere Beschränkungen und Druck bezweckende Verfügungen. Nichts desto weniger bereicherten sie sich außerordentlich und gelangten zu einem so bedeutenden Einfluß im Staate, daß es nahezu unmöglich geworden war, ihrer Dienste zu entbehren. Es darf daher nicht Wunder nehmen, wenn ein fremder Volksstamm, der sich zu einem andern Glauben bekannte, der bis zu einem gewissen Grade seine eigene Autonomie besaß, der überdem durch weise Sparsamkeit und geistige Befähigung es verstand, die irdischen Güter dieser Welt mehr als Andere an sich zu reißen, im Laufe der Zeit Gegenstand des Hasses und Neides bei der Masse der Bevölkerung wurde.

Der Beruf eines Steuererhebers hat seine Inhaber niemals volksthümlich gemacht, wenn er auch noch so milde gehandhabt wurde und dann konnte es um so weniger der Fall sein, wenn der Steuererheber Steuerpächter war. Auch in ihrer Eigenschaft als Herleiher von Darlehen konnten sie sich der Anfeindung nicht entziehen. Die Hülfe des Geldmannes ist zwar bei Ausführung der verschiedenſten Geſchäfte und Unternehmungen unentbehrlich; wenn aber der geſetzliche Zinsfuß zwiſchen 20 und 30 Procent ſchwankt, weil dem Capital nur eine ſchwache Sicherheit geboten werden kann, ſo liegt für den Herleiher die Gefahr nahe, der öffentlichen Meinung gegenüber in den Verruf eines Wucherers zu kommen und von denen, die ſeine Hülfsquellen ausnutzten, mit Schimpf und Schande überſchüttet zu werden. Wer zudem in der Anhäufung von Reichthümern ſeines Lebens Ziel und Zweck erblickt und aus der Noth ſeiner Nebenmenſchen ſeine Güter zuſammenſcharrt, geräth unfehlbar in den bejammernswerthen Zuſtand geiſtiger und moraliſcher Verkommenheit. So iſt es auch wahrſcheinlich, daß die Juden zu der gegen ſie erhobenen Anſchuldigung, ſie ſeien geld- und habgierig, ſcheinbar Anlaß boten. Ihre natürliche Neigung für äußeres Gepränge verleitete ſie, trotz der Geſetze gegen luxuriöſen Aufwand und trotz der Vorurtheile des Volkes, in Häuſern und Trachten Glanz und Prunk zu entfalten und hierdurch Neid und Eiferſucht noch mehr gegen ſich wach zu rufen.

Wie hätte es unter dieſen Umſtänden die Geiſtlichkeit ſich entgehen laſſen können, die wachſende Unbeliebtheit der Juden für ihre Zwecke auszubeuten! Die Kanzeln widerhallten von Anklagen und Drohungen, Geſetze zur Unterdrückung erſchienen in raſcher Folge, auch fehlte es nicht an verlockenden Verſprechungen, das Volk zum Uebertritt zur chriſtlichen Religion zu reizen. Die Söhne getaufter Juden waren ſicher, zu hohen Rängen in der Kirche befördert zu werden und den Weg zur Ehre und Auszeichnung gebahnt zu ſehen. Eine beſondere Verordnung bestimmte, daß der Nachlaß von den treu und fest in ihrem väterlichen Glauben verharrenden Erben auf die übergehen sollte, welche das Christenthum angenommen hatten.

Der Volksunwille machte sich seit Anfang des vierzehnten Jahrhunderts durch Unruhen Luft, die jedesmal mit Plünderungen und Blutvergießen endigten. Diese feindlichen Demonstrationen, die nur durch die ganze Strenge des Gesetzes niedergehalten werden konnten, nahmen bei jeder Wiederkehr an Heftigkeit und Ausdehnung zu, bis die Austreibung der Juden von der Halbinsel den traurigen Abschluß bildete.

Im Jahre 1320 wurde eine wilde Verfolgung, der sogenannte Hirtenkrieg, im Süden Frankreichs in Scene gesetzt. Von hier breitete sie sich über Nord-Spanien aus und konnte nur nach heftigem Kampfe durch James II. von Arragonien, hauptsächlich durch die Waffen der Juden selbst, niedergeworfen werden.

Bald darauf wüthete jene furchtbare Pest, der schwarze Tod, die in Asien auftauchend, ihren Verderben bringenden Weg durch alle Länder Europas nahm. Da der Ursprung der Plage nicht zu ermitteln war, so mußten die Juden sie veranlaßt haben. Der blinde Haß beachtete nicht, daß sie in der allgemeinen Noth ebenso sehr wie ihre christlichen Mitbürger litten und erhob die Anklage gegen sie, die Brunnen vergiftet zu haben. An eine Vertreibung von der Halbinsel dachte man jedoch nicht; dazu hatten sie sich durch ihren Reichthum und ihren Geist unentbehrlich gemacht und sie hatten nach wie vor die höchsten Aemter im Staate inne, der ihren öffentlichen Gottesdienst auch ferner unter seinen

Schutz nahm und ihr Glaubensbekenntniß nicht ohne Anerkennung ließ.

Unter Alphons XI. (1312—1350) und seinem Sohne Pedro mit dem Beinamen der Grausame (1350—1369) erfreuten sich die Juden ganz besonderer Begünstigungen. Des Letzteren bevorzugter Günstling war Don Samuel Levi Abulafia, den er an die Spitze der Finanzverwaltung stellte. Don Samuel umgab sich mit Unterbeamten seines Glaubens und erfüllte die Obliegenheiten, die ihm sein Vertrauensposten auferlegte, treu und gewissenhaft. Es wurde ihm gestattet, auf seine Kosten zu Toledo eine prachtvolle Synagoge zu erbauen, die heute noch als Kirche Nuestra Sennora del Transito von seiner Opferwilligkeit und seinem vollendeten Schönheitssinn ein glänzendes Zeugniß ablegt. Viele Jahre lebte er in beispielloser Ueppigkeit, bis auch ihn das Geschick ereilte. Er fiel als Opfer des Neides, den sein Luxus und sein Stolz hervorriefen, und gab im Gefängniß unter der Tortur seinen Geist auf. (1360).

Don Heinrich von Trastamara entriß seinem Halbbruder Don Pedro das Scepter. Das Regierungssystem konnte er den Juden gegenüber nicht ändern und sah sich also genöthigt, einige der höchsten Kronämter wiederum jüdischen Händen anzuvertrauen. Wie in Spanien lagen auch damals die Verhältnisse im Nachbarlande Portugal, wo die Juden im Zenith ihrer Macht standen.

Je mehr jedoch der Reichthum wuchs, desto eifriger bereitete die Geistlichkeit ihren Sturz vor. In dem Bewußtsein, daß ihr Einfluß auf die herrschende Classe nur ein schwacher sei, verband sie sich mit der Masse der Bevölkerung, auf deren Aberglauben und Vorurtheil einzuwirken, ihr weniger schwer fiel. Von der Kanzel herab häuften sich die Anschuldigungen und gewannen an Leidenschaftlichkeit. Das Volk wurde dadurch in einen Zustand der Erregung versetzt, die sich bald in die Judenviertel verpflanzte und diese zum Schauplatz grauenvoller Vernichtung und unmenschlichen Blutvergießens machte. Welche Anklagen wurden da erhoben! So lächerlich und unglaublich sie auch sein mochten, sie fanden immerhin gläubige Herzen. Bald hatten die Juden das Christenthum verhöhnt, bald die Hostien oder die geweihten Oblaten in Stücke zerschnitten, so daß das Blut für Alle sichtbar sich aus ihnen ergoß und die Straßen entlang floß, bald hatten sie eine vorbeiziehende Procession verlacht und verspottet. Die am häufigsten wiederkehrende Anschuldigung und die schrecklichste zugleich war die Anklage, daß sie zur vorschriftsmäßigen Feier des Peßachfestes Christenkinder gestohlen und ermordet hätten. Die nächste Folge aller dieser Anschuldigungen war, daß die Gesetze gegen die Kleiderpracht wieder hervorgesucht, längst vergessene, drückende Edicte aus der Zeit der gothischen Könige aus Tageslicht gezogen und so die Juden in einen Zustand immerwährender Angst, steten Bangens und Zagens versetzt wurden, der ihnen das Leben zur Last und Bürde machte.

Wenn schon diese gegen sie geschleuderten Anklagen als eitle Erdichtungen in Nichts zerfallen, so müssen wir doch anderseits zugestehen, daß mit dem ruhelosen Streben nach Gewinn und dem gleichzeitig um sich greifenden Hang nach äußerem, prahlerischem Schein eine gewisse Entsittlichung unter den Juden Spaniens eingerissen war. Von der Höhe, auf welcher sie in moralischer und geistiger Beziehung in den Tagen des Maimonides und der Schulen von Cordova und Sevilla standen, waren sie allmählich herabgesunken. Sie blieben zwar noch viele Jahrhunderte fast ausschließlich die Pfleger der Arzneikunde und während der heftigsten Verfolgungen war kaum ein Staatsmann oder Kirchenfürst, der nicht die Kunst eines jüdischen Arztes in Anspruch genommen hätte, aber die reine Wissenschaft wurde nicht mehr mit solch hingebender Liebe gepflegt, wie früher. Die Philosophie und die wahre hebräische Literatur hatte einem dunkeln, oft vernunftwidrigen Mysticismus der Kabbala und den verworrenen Spitzfindigkeiten des Sohars weichen müssen. Die Poesie erhob sich nicht mehr zu ihrer sonnigen Höhe, sondern erblickte nur noch in geschickten Einfällen, in Alliteration und Akrostichen, die höchsten Ziele. Eine andere Gefahr zog bald drohend herauf. Weltlich gesinnte jüdische Männer, die ihrem maßlosen Ehrgeiz durch den Glauben Schranken gesetzt sahen, traten zu der herrschenden Kirche über und wählten übereinstimmend den geistlichen Stand zu ihrem Lebensberufe, weil er ihnen die weiteste Aussicht auf Beförderung eröffnete. Diese Abtrünnigen wurden häufig die heftigsten Gegner ihrer Stammesgenossen. Wohlbekannt mit den Satzungen des Judenthums wurden sie gefügige Werkzeuge in den Händen der Geistlichkeit, ihre früheren Glaubensbrüder mit eigenen Waffen schlagen zu können. Sie ersannen vollständige Gewebe von Trugschlüssen, um zu erweisen, daß die Dogmen der katholischen Kirche in den heiligen Schriften und im Talmud begründet seien. Hierdurch entstand auch gegen Ende des vierzehnten Jahrhunderts der Gebrauch, religiöse Disputationen zwischen Geistlichen (gewöhnlich getauften Juden) und Rabbinen zu veranstalten. Solche Streitigkeiten verlaufen stets in derselben Weise. Der Eine wird von den Gründen des Andern nicht überzeugt, und die streitige Siegespalme wird dem Stärkern zuerkannt. Für die Juden hatten diese Disputationen noch die böse Nachwirkung, daß sie als halsstarrige Anhänger einer angeblich erwiesenen falschen Lehre nur noch mehr zelotischen Verfolgungen ausgesetzt wurden.*)

Das Ungewitter, welches mit der Vertreibung der Juden von der Halbinsel seinen traurigen Abschluß finden sollte, zog sich langsam zusammen, brach aber um so entsetzlicher über die Häupter der Unglücklichen los. Im Jahre 1391 hielt ein fanatischer Erzbischof, Namens Martinez, auf dem Markte zu Sevilla eine Gift und Galle speiende Brandrede gegen die Israeliten. Die Bevölkerung wurde bis zum Wahnsinn erhitzt und stürzte sich in das Judenviertel, zerstörend, plündernd und mordend, was ihnen in den Weg trat. Als zuletzt der starke Arm des Gesetzes der Wuth der Marodeurs Stillstand gebot, waren nicht weniger als 4000 Juden dem unmenschlichen Ge-

---

*) In Folge jener Disputationen sollen die Juden das Verfahren der Christen, den Text der heiligen Schriften in Kapitel und Verse einzutheilen, angenommen haben, um auf sie leicht hinweisen zu können, da in dem ursprünglichen Texte eine solche Eintheilung nicht gebräuchlich war.

metzel zum Opfer gefallen. Kaum drei Monate später erneuerten sich dieselben schrecklichen Auftritte, und dieses Mal mit noch furchtbarerer Wirkung; die Zahl der Gemordeten war ungefähr dieselbe, zwar Vielen gelang es zu entfliehen, trotzdem wurden ganze Schaaren derer, die ihr nacktes Leben davon getragen, den Mauren als Sclaven verkauft; Andere suchten am Taufbecken Rettung. Von den 30000 jüdischen Einwohnern Sevillas blieben nur wenige übrig.

Wie in Sevilla sind auch in vielen anderen Städten Spaniens solch schreckenerregende Grausamkeiten verübt worden, so in Cordova, Burgos, Logrono, Barcelona, Gerona, auf der Insel Majorka und in andern Plätzen. In Gerona zeigten die Rabbinen Muth und Entschlossenheit und ermahnten ihre Brüder, lieber das Leben als ihren väterlichen Glauben zu lassen.

So nahmen die Gemeinden in vielen Städten sehr ab, während sie in andern ganz ausgerottet wurden. Das Bedürfniß nach einer Zufluchtsstätte trieb die Verfolgten theilweise nach Portugal, wo sie noch zwei oder drei Generationen hindurch Ruhe und Duldung genießen sollten; andere flohen nach dem maurischen Königreich Granada, um dort bei duldsamer Gewissensfreiheit einer ungestörten Existenz sich zu erfreuen. Viele bekannten sich offen zum Christenthum und diese fanden unter dem Kreuz für ihr Leben, ihre Familie, ihr Hab und Gut den Schutz, der ihnen als Juden jetzt versagt wurde. Eine gewisse Berechtigung zu diesem letzten Schritte fanden die Juden auf der Halbinsel in vielen vorangegangenen Thatsachen. Gar oft hatten Personen zur Zeit heftiger Verfolgungen äußerlich die Religion gewechselt, dabei aber im Herzen ihren Grundsätzen und dem Glauben der Väter unwandelbare Treue bewahrt. So hatten sich zu verschiedenen Zeiten viele Mohamedaner so lange zum Christenthum bekannt, bis der Sturm der Verfolgung vorübergebraust war, und in gleicher Weise hatten auch oft die Christen die äußeren Gebräuche des Islams angenommen, um die Wuth des Fanatismus vorüberziehen zu lassen. Schon in früheren drangsalsvollen Zeiten waren auch Juden gezwungen worden, die herrschende Religion anzunehmen, ohne ihre innerste Ueberzeugung dadurch irgendwie beeinflußt zu sehen. — Der große Maimonides selbst soll auf seiner Wanderung nach Marocco genöthigt worden sein, mit seiner Familie die Ceremonien des Islams zu vollziehen. Sein Vater war bereits mit seinen Kindern nach Fez verzogen; dort waren die maurischen Juden damals einer blutigen Verfolgung ausgesetzt und man glaubt, daß er damals im wahren Glaubenseifer sich nach dem Orte der Gefahr begeben habe, um die schwankenden Brüder zum Ausharren und Ertragen zu ermuthigen. Als die Gegner des großen Philosophen ihn in späterer Zeit wegen dieses seines Verhaltens angriffen, hielt er es für angethan, eine Erklärung zu veröffentlichen. Sie sollte weniger zur Rechtfertigung für seine eigene Handlungsweise, als zur Richtschnur für andere Juden dienen, über die plötzlich eine Verfolgung losbrechen könne, ohne daß sich ihnen die Gelegenheit zur Flucht böte. Von vielen bedeutenden jüdischen Schriftstellern wird die Erzählung von Maimo=

nibes Glaubensheuchelei entschieden in Abrede gestellt und der „Iggereth ha Schemad" oder der Brief über den Glaubenswechsel als ein untergeschobenes Schriftstück bezeichnet. Aus solchen Ursachen entstanden zu jener Zeit die Pseudo=Convertiten, deren anfangs beschränkte Anzahl mit jeder neuen Verfolgung wuchs. Im Anfang des funfzehnten Jahrhunderts wurden sie auf ungefähr 200000 Seelen geschätzt. Diese scheinbar bekehrten Juden wurden von ihren Glaubensgenossen „Anussim" „Gezwungene" und von den Christen „Christianos Nuevos" oder „Neu= Christen" genannt. Im Munde des Volkes brandmarkte man sie mit dem Namen „Marranos", ein Wort, dessen Ableitung ungewiß ist, das aber wahrscheinlich in seiner Corruption von „Maranatha" die „Verfluchten" bezeichnet.

Traurig lagen so die Verhältnisse der Juden gegen Ende des vierzehnten und im Anfang des funfzehnten Jahrhunderts. Da trat der Dominikanermönch Vicente Ferrer auf, der später für sein erfolgreiches Wirken heilig gesprochen wurde. Mit dem Crucifix in der einen und einer Thorarolle in der andern Hand erschien dieser wilde Fanatiker und donnerte gegen die jüdische Religion. Bald hielt er seine Rede auf offenen Marktplätzen, bald in der Kirche und nicht selten selbst in den Synagogen. Seine an Wahnwitz gränzende Wuthausbrüche trieben die Juden bis zur Verzweiflung und stürzten die Bevölkerung in einen Zustand der Aufregung, der bis dahin ihnen fremd war. Selten ging eine Rede zu Ende, ohne zur Folge zu haben, daß die Judenquartiere gestürmt und verwüstet wurden, Haufen von schreckerfüllten Juden schrieen nach dem Taufwasser, das allein vor Tod und Verderben sie schützen konnte. Die von ihm bewirkten Bekehrungen waren in der That sehr beträchtlich. Wunderbar war die Macht, die Fra Vicente ausübte, selbst die ungeheuerlichsten Berichte über seine Wirksamkeit fanden unter solchen Umständen leicht Glauben. In einem Jahre (1411) soll er nach einigen Angaben in Salamanca allein nahezu 35000 Juden zum Uebertritt veranlaßt haben; Andere versichern allen Ernstes, daß er in einem Vierteljahrhundert seiner Thätigkeit 50000 Bekehrungen bewirkte.

Vicente Ferrer stand in seiner Feindseligkeit gegen die Juden nicht allein. Ein anderer Dominikaner-Mönch, Cardinal de Luna, legte die päpstliche Tiara unter dem Namen Benedict XIII. an. Obgleich er von der Masse der Christenheit nur als Antipapst angesehen wurde, so fand er dennoch bei den Königen von Aragonien Unterstützung seiner Ansprüche und hielt zu Tortosa in Catalonien von 1412 bis 1417 einen glänzenden Hofstaat. Ihm mußte vor Allem daran liegen, seinen Eifer für die Religion zu bekunden und sich die Unterstützung der Geistlichkeit zu sichern. Das willkommenste Mittel hierzu war, sich als heftigster Gegner der Juden zu zeigen. Er und sein Leibarzt Joshua Lorqui, ein getaufter Jude, der in der Taufe den Namen Geronimo de Santa Fe angenommen hatte und der zugleich ein gelehrter Talmudist war, faßten den Plan, in Tortosa eine große Disputation zu veranstalten (1413). Sechzehn gelehrte Rabbinen wurden eingeladen, über die Grundlehren des Judenthums, besonders über die Ankunft des Messias mit Geronimo, dem

Almosonier des Papstes Andreas Beltraço, einem gleichfalls getauften Juden, und Andern zu disputieren. Benedict selbst wollte den Vorsitz in der Versammlung führen. Mit großem Pompe wurden die Sitzungen in Gegenwart des Papstes, der Cardinäle und einer großen Zuhörerschaft von Abligen und Gelehrten eröffnet. Neun und sechzig Disputationen, zu denen man die lateinische Sprache gewählt hatte, wurden in achtzehn Monaten gehalten. Die ersten Sitzungen bewahrten noch einen Anflug von Ruhe und Würde; als aber die Verhandlungen weiter vorschritten und es ersichtlich wurde, daß die Beweise der Einen Partei ohne Eindruck auf die andere blieben, trat hohle Phrase und brutale Drohung an die Stelle der Beweisführung, und die Versammlung ging in wildester Unordnung auseinander. Als Resultat wurde schließlich nur die Behauptung ausgesprochen, daß der Talmud Lästerung und Ketzerei enthalte, und das Studium desselben den Juden nicht ferner zu gestatten sei. Unmittelbar darauf erschienen in rascher Folge päpstliche Bullen, die den jüdischen Stamm im höchsten Grade verletzten und niederdrückten. Unter dem Drucke dieser Stimmung fanden wiederum Scheinbekehrungen in großer Zahl statt. Im Jahre 1417 wurde endlich die schwebende Papstfrage erledigt; Benedict XIII. wurde abgesetzt und starb einsam und verlassen im Exil. Martin V., der nun allgemein als der Nachfolger St. Petrus anerkannt wurde, scheint den Juden gewogener gewesen zu sein; allein die heraufbeschworenen schädlichen Einflüsse konnten nicht so leicht wieder beseitigt werden, wozu nicht am wenigsten die jüdischen Convertiten beitrugen. Die Kirche war damals von ihnen überfüllt und diese trugen ihren Eifer für die angenommene Religion geflissentlich durch Feindschaft gegen ihre früheren Brüder zur Schau. Vor Allen zeichnete sich in diesem Bestreben Paul de Sta. Maria, der Bischof von Carthagena und Alfons de Espina, der spätere Rector der Universität zu Salamanca aus, indem sie unaufhörlich die Flamme der Verfolgungssucht schürten, die im Schoße des Volkes leider nur zu reichliche Nahrung fand.

Während die Dinge in Spanien diese drohende Gestalt annahmen, traten auch in dem westlichen Königreich der Halbinsel beunruhigende Anzeichen auf. In Portugal war bislang die Stellung der Juden eine günstige gewesen; obgleich sie auch hier gewissen Beschränkungen unterworfen waren, die aber niemals streng durchgeführt wurden. Gewöhnlich wohnten sie in abgesonderten Vierteln und es existirten dem Namen nach auch Kleidervorschriften und dergleichen für sie; ihre inneren Angelegenheiten regelten sie jedoch selbst. Wie ihrem Gerichtshofe ein Oberrabbiner vorstand, so wurden nicht selten die höchsten Staatsämter Männern aus ihrer Mitte anvertraut. Dieser Oberrabbiner (Arrabi-Mór) wurde stets von der Krone ernannt und sein Amt als ein höchst bedeutungsvolles betrachtet. Die Wiederbesetzung dieses erledigten Postens rief im Jahre 1384 eine Hofintrigue hervor, deren Nachwirkungen das Geschick des Landes dauernd beeinflußten, indem sie unmittelbar die Veranlassung war, Don Joao von Aviso auf den Thron zu heben und die

in Aussicht genommene Verbindung dieses Königreichs mit
Castilien zu vereiteln. Gleich wie in Spanien hatte die
Juden ihr Reichthum und ihre hohe Stellung in Verbin=
dung mit Hochmuth und Rücksichtslosigkeit schon lange
beim Volke mißliebig gemacht. Mit Unwillen sahen die
Portugiesen, wie durch die Verfolgungen in Spanien die
Zahl der Juden sich vergrößerte. Mit innerer Genug=
thuung beobachtete die Geistlichkeit die wachsende Abneigung
und war aufs eifrigste bemüht, sie zu nähren. Im
December 1449 brach zu Lissabon der erste Aufstand gegen
sie los. Er scheint ursprünglich nur ein Straßencrawall
gewesen zu sein, bei dem mehrere Juden mißhandelt und
beschimpft wurden. Als sich die Angegriffenen zur Wehr
setzten, nahmen die Bürger gegen sie Partei und stürzten
unter dem Rufe: „Schlagt sie nieder und plündert sie"
in das Judenquartier. Der Pöbel folgte begierig dieser
Aufforderung und plünderte den ganzen Bezirk. Zahl=
reiche Unglückliche fanden dabei ihren Tod, viele wurden
verwundet. Nur dem Einschreiten des Militairs, sowie
dem persönlichen Erscheinen des Königs Alfons V., der
auf die Nachricht vom Aufstande zur Hauptstadt eilte,
gelang es endlich, die Ordnung wieder herzustellen. Die
Stellung der Juden in Portugal gestaltete sich von Tage
zu Tage schlechter, wenngleich in den nächsten vierzig
Jahren keines neuen Ausbruches Erwähnung geschieht und
manche einflußreiche Staatsstellen noch immer in ihren
Händen blieben.

Die Brüder Ibn=Jachia nahmen am Hofe Alfons V.
noch dieselbe Stellung als Räthe und Aerzte ein, wie sie

in langer Reihenfolge Glieder dieser Familie inne hatten. Abraham aus Beja und Joseph Capateiro erhielten sogar den ehrenvollen Auftrag, eine Entdeckungsexpedition nach Ost-Indien zu begleiten; auch sonst bekleideten die Juden wichtige Aemter. Die hebräische Literatur wurde emsig gepflegt, obgleich die Juden in Portugal nie die Bedeutung in der Wissenschaft erreichten, wie ihre Brüder in Spanien. Schon unter der Regierung João II. ist eine hebräische Buchdruckerei in Lissabon errichtet worden, die unausgesetzt bis zum Jahre der Vertreibung mit bedeutendem Erfolge arbeitete. Den größten Glanz über den zum Abschluß eilenden Zeitabschnitt in der Geschichte der Juden auf der Halbinsel verbreitete Don Isaac Abravanel (geb. 1437, gest. 1509), der Sprößling einer Familie, die ihren Stammbaum auf König David zurückführte und die erst vor kurzem von Spanien eingewandert war. Schon in mehreren Generationen hatte die Familie durch ausgezeichnete Talente geglänzt und das Glück genossen, fast zwei Jahrhunderte hindurch in andern Ländern ehrenvolle Nachahmung zu finden. Don Isaac war viele Jahre Finanzminister und vertrauter Rathgeber des Königs; mit wunderbaren Geistesgaben ausgerüstet, war er bestimmt, Großes zu leisten. Dazu hatte ihm die Natur jene geheimnißvolle Macht verliehen, auf Alle, denen er nahe trat, Einfluß zu üben. Wie kaum einen Zweiten beseelte ihn der Wunsch, Andere zu beglücken. Abravanel wurde nicht allein der Freund und Rathgeber seines Regenten, sondern auch der aller königlichen und abligen Personen des Hofstaates und er verstand es mit außerordentlichem Geschicke, allen jenen Schwierigkeiten und Eifersüchteleien auszuweichen, denen er vermöge seines hohen Postens so leicht ausgesetzt war. Im Besitze großer Reichthümer war er hochherzig freigebig, wenn es sich um Liebeswerke handelte. So gab er einen glänzenden Beweis seines Edelmuthes, als bei der Einnahme von Arzilla, einer Hafenstadt an der afrikanischen Küste, durch die Portugiesen 250 jüdische Gefangene als Sclaven verkauft wurden. Abravanel steuerte reichlich bei, um diese Unglücklichen aus der Gefangenschaft zu befreien und sammelte von seinen Brüdern in Portugal und andern Ländern genügende Geldmittel, ihnen ihre Freiheit zu erkaufen und sie zunächst vor Noth und Mangel zu schützen. Seine Liebe zur hebräischen Literatur trieb ihn, die spärlich zugemessenen Mußestunden ernsten Studien zu widmen. Mitten unter der Sorge des Geschäftes und den Mühen des Staatsdienstes begann er, einen gelehrten Commentar auf die Thora, auf andere Theile der Bibel und verschiedene philosophische Werke zu verfassen. Bei allen Wechselfällen seines Lebens hat er diese Arbeiten weitergeführt; zum Abschluß wurden sie jedoch erst gebracht, als die im späten Alter erfolgte Verbannung ihm dazu Zeit und Ruhe gewährte. Beim Tode seines großen Freundes und Beschützers Alfons V., im Jahre 1481, und der Thronbesteigung des Sohnes João II. fielen alle Hofleute des verstorbenen Königs in Ungnade. Nur mit Mühe und Noth gelang es Abravanel, den Nachstellungen des neuen Herrschers zu entgehen, der alle seine reichen Landgüter confiscirte. Der nunmehr verarmte Abravanel entkam unter der steten Angst und Sorge, den Verfolgern in die Hände zu fallen, glücklich nach Spanien, woselbst er sich mit Don Abraham Senior, dem großen Steuerpächter in Toledo, verband, der ihn als Theilhaber aufnahm und ihn in den Stand setzte, seinen zerrütteten Vermögensverhältnissen aufzuhelfen. Seine Studien nahm er nun mit verdoppeltem Eifer auf, vollendete viele seiner früheren Werke und begann die prophetischen und historischen Bücher der Bibel zu commentiren. Wir werden bald sehen, wie unerschrocken und hochherzig er auftrat, als die Vertreibung der Juden aus Spanien zur Ausführung gebracht werden sollte Seine Bemühungen waren erfolglos und abermals mußte auch er zum Wanderstabe greifen. Er floh nach Neapel zum König Ferdinand I., der ihn gastfrei aufnahm und bei dessen Tode er in die Dienste des Sohnes und Nachfolgers Alfons II. trat. Als dieser Fürst nach kurzer Regierung durch die in sein Land einbrechenden Franzosen gezwungen wurde, zu Gunsten seines Sohnes abzudanken und nach Sicilien zu entfliehen, blieb Abravanel sein treuer Gefährte und begleitete ihn nach dieser Insel. Seine Familie jedoch wurde zerstreut und das unmündige Kind seines berühmten Sohnes Juda von dem König von Portugal aufgegriffen und gewaltsam in der christlichen Lehre erzogen. Nach Alfons Tode 1495 wandte sich Abravanel nach Corfu; später begab er sich nach Monopoli bei Bari und zog schließlich mit seinen, ihm noch gebliebenen Nachkommen nach Venedig, woselbst er im Jahre 1509 starb.

Das Schicksal der Juden in Spanien, das bereits durch erneute königliche Erlasse ein trauriges und trostloſes geworden, als 1474 Ferdinand und Iſabella in den Beſitz der vereinigten Kronen von Aragonien und Caſtilien gelangten, ging unabweislich ſeiner Entſcheidung entgegen. Die Entſtehung eines ſo mächtigen Staates erweckte ſowohl bei den Herrſchenden wie bei den Unterthanen den lebhaf= ten Wunſch, unter ihrem Scepter auch jene Provinzen Süd= Spaniens zu vereinen, die zwar ſeit 1244 ſchon tribut= pflichtig waren, aber noch immer von mohamedaniſchen Köni= gen zu Granada regiert wurden; das ganze Land ſollte der chriſtlichen Herrſchaft unterworfen werden. Der König war ehrgeizig, gewiſſenlos und habgierig bis zum Uebermaß; die Königin, die manche weibliche Tugend ſchmückte, war abergläubiſch und ein willenloſes Werkzeug in den Händen ihrer Prieſter. Kann es daher befremden, wenn Beide mit Eifer den neuen Kreuzzug begannen? Als die reli= giöſen Gefühle des Volkes einmal aufgeſtachelt waren, hatten die Juden nicht viel Duldung zu erwarten; ſie hatten ſich ohnehin durch die Hartnäckigkeit, mit der ſie das Chriſtenthum zurückwieſen, und durch die Reichthümer, die ſie angeſammelt hatten, zur Zielſcheibe des Haſſes und des Neides gemacht. Die Secte der Neu=Chriſten hatte unglaublich raſch an Zahl zugenommen; je mehr ſie an= wuchs, deſto ſchärfer hatte ſich die Scheidelinie zwiſchen ihnen und den „alten" Chriſten gezeichnet. Ihre Lage hatte ſich nur um ein Geringes durch ihre Scheinbekehrung gebeſſert, da es ſich herausſtellte, daß das Chriſtenthum dieſer Neophyten nicht viel mehr war, als ein bloßer Vor= wand. Die Uebergetretenen bequemten ſich zwar äußerlich zu den Gebräuchen der chriſtlichen Lehre: ſie änderten ihre Namen, füllten ihre Häuser mit Crucifixen, wohnten regelmäßig den öffentlichen Gottesdiensten bei; aber aus allem diesen heraus erkannte man, wie unbequem und lästig es ihnen war. Es fällt durchaus nicht schwer, die Gefühle nachzuempfinden, welche sich in der Brust solcher Menschen regen mußten. Ihren angestammten Glauben hatten sie aus Furcht oder weltlichem Interesse verleugnen müssen; in ihrem Innern konnten sie sich nicht zu einer Religion hingezogen fühlen, die ihnen aufgezwungen war. So weit sie, ohne Gefahr entdeckt zu werden, ermöglichen konnten, beobachteten sie die Gebote des Judenthums, prägten jüdische Anschauungen tief in die Herzen und Seelen ihrer Kinder und waren ernstlichst bemüht, die Erinnerung an ihren alten Glauben bei ihren Nachkommen wach zu erhalten. So war ihr Leben gleichsam eine beständige Täuschung. Bis zum Tode betrübt, erflehten sie von Gott im Geheimen, er möge ihnen die Ausübung dieser Gebräuche, die ihnen nur um ein Weniges besser als Abgötterei erschienen, nicht als Todsünde anrechnen. Die Ankläger konnten daher auch in vielen Fällen mit Leichtigkeit den Beweis führen, daß die Neu-Christen keineswegs von ihrem „alten Irrthum und Aberglauben" gereinigt seien, weßhalb auch die Annahme der herrschenden Religion sie nur kurze Zeit vor dem Haß der Bevölkerung schützen konnte. Schon im Jahre 1470 hören wir von Verfolgungen, die gegen die Neu-Christen in Valladolid und 1472 gegen die in Cordova gerichtet waren; wie hier, so ging es in den nächsten zwanzig Jahren in mehreren anderen Städten.

Der Verkehr zwischen den Uebergetretenen und ihren früheren Glaubensgenossen scheint sehr inniger Natur gewesen zu sein. Bande des Blutes und Gefühls und gegenseitiges geschäftliches Interesse schufen ein mächtiges Band zwischen jenen Juden, die sich außerhalb der Schranke des Judenthums gestellt hatten und zwischen denen, die die Lehre bewahrten. Letztere schienen in dem Abfall nur ein Zugeständniß an die unvermeidliche Gewalt der Zeitumstände zu erblicken und unterstützten sie mit allen ihnen zu Gebote stehenden Mitteln in der geheimen Ausübung der ritualen religiösen Vorschriften. Hierdurch zogen die Juden nur noch im höheren Grade den Haß der Geistlichkeit auf sich. Diese fand darin eine erwünschte Handhabe zu einer neuen Art von Anklage, die sie „Judaisiren" nannte und die sie später mit allem Haß gegen die Race auszubeuten wußte.

Alles drängte zur letzten Entscheidung. Der Zündstoff zu der Staatsaction, die Spanien von dem ihm zur Unehre gereichenden Judaismus befreien sollte, harrte nur eines thatkräftigen Mannes, um mit verheerender Gewalt loszubrechen. Der Dominikanermönch Fray Thomas de Torquemada, der ehemalige Beichtvater der Königin, war dieser Mann, der bei seinem eisernen Willen, seiner geistigen Ueberlegenheit und seiner an Hartnäckigkeit grenzenden Zähigkeit in der Ausführung seines Vorhabens zu einer solchen That berufen schien. Um seine Absicht zu erreichen, mußte ein politisch-religiöser Apparat geschaffen werden, der unbeschränkt zu seiner Verfügung stand. Als einen solchen erkannte er das Inquisitionstribunal. Mit der

seinem Character eigenen Energie arbeitete er daran, das=
selbe in Spanien einzuführen. Dieser Gerichtshof war
im Anfang des dreizehnten Jahrhunderts von Fray Domingo
de Gußman, in der Geschichte mehr bekannt als St. Do=
mingo, ins Leben gerufen, um der Ketzerei der Albigenser
entgegenzutreten; dem St. Domingo wurde später vom
Papste Innocenz III. (1212) der Titel eines Groß=Inqui=
sitors verliehen. Das Tribunal begann seine von Blut
triefende Thätigkeit zunächst in Sicilien; von dort wurde
es bald nach andern Staaten Italiens, nach Süd=Frank=
reich und Catalonien verpflanzt. Später wurde auch das
Königreich Aragonien von ihm heimgesucht, woselbst von
Zeit zu Zeit Ketzer den Flammentod erleiden mußten;
Castilien und Portugal standen ebenfalls in einem gewissen
Grade unter seinem Einfluß. Als die Inquisition ihre
ursprüngliche Aufgabe gelöst hatte, die Ketzerei erstorben
war, und nunmehr die Herrschaft der römischen Kirche
über die Christenheit im Westen unerschütterlich aufgebaut
stand, erschlaffte um die Mitte des funfzehnten Jahr=
hunderts ihre Thätigkeit und ihre Existenz war in den
meisten Ländern thatsächlich in Frage gestellt. —

Der Fortschritt in der Cultur, die Erfindung der
Buchdruckerkunst und die Entdeckung Amerikas hauchten
dem Menschengeist erfrischenden Odem ein und erschloß
der Unternehmungslust im Ganzen wie im Einzelnen neue
Bahnen. Man hätte unter solchen Umständen wohl an=
nehmen können, daß ein Institut, dessen trauriger Beruf
es war, die Gedanken der Menschen zu belauschen und
ihr geheimstes Leben zu überwachen, damit dem Glauben

jede selbstständige Forschung genommen werde, vor der fortschreitenden Civilisation hätte verschwinden und zu Grabe getragen werden müssen. Zum Verderben der Menschheit trat das Gegentheil ein! Die Inquisition wurde neu organisirt und anstatt beseitigt zu werden, gewann sie an Macht und Ausdehnung. Im Jahre 1477 kam Philipp von Berberis, der Inquisitor von Sicilien, das zu den Besitzungen Ferdinands gehörte, nach Spanien, um die Bestätigung eines von Kaiser Friedrich II. gewährten Privilegiums, wonach ein Drittel der Besitzthümer verurtheilter Ketzer Eigenthum der Inquisition werden sollte, zu erwirken. Wenn dieses verdammungswürdige Gesetz die königliche Sanction erlangt hätte, welch' eine Beute wäre dann einer ähnlichen Einrichtung in Spanien zugefallen. Fray Alonso de Hojeda, der Prior des Dominikanerklosters in Sevilla und der päpstliche Nuntius Nicholas Franko gaben sich nach dieser Richtung hin alle erdenkliche Mühe. Sie erlangten von Sixtus IV. (1478) eine Bulle, die Ferdinand und Isabella das Recht einräumte, Erzbischöfe, Bischöfe, Geistliche und Laien zu ernennen, um Nachforschungen auf religiösem Gebiete anstellen und gegen Herätiker und deren Helfershelfer vorgehen zu dürfen. Ferdinand ging bereitwillig auf den Vorschlag ein, der seiner Habgier eine so glänzende Aussicht eröffnete; die Königin hingegen zögerte ihre Zustimmung zu der Errichtung eines Gerichtshofes zu geben, dessen Grausamkeit und Blutgier außer Frage stand, das dem größten Theile ihrer Unterthanen und selbst vielen Geistlichen unbequem war. Da verfiel man auf den Gedanken, die

Ausführung zu verschleppen. Man griff nach andern Mitteln, die drohende Gefahr fernzuhalten. So veröffentlichte z. B. Cardinal Mendoza, der Erzbischof von Sevilla, einen besondern Catechismus für die Neu-Christen; aber die Pläne der Dominikaner waren nicht zu durchkreuzen. Alonso de Hojeda, Fernando de Talavera, der Beichtvater der Königin und der spätere Erzbischof von Granada, Diego de Merlo, Pedro de Solis und andere bei Hof in Gunst stehende hohe Geistliche, vor Allem der einflußreiche Torquemada selbst, dachten nicht daran, in ihren Bemühungen nachzulassen. Sie redeten unaufhörlich zu der Königin von der „bösen Brut Israels", von den Gotteslästerungen, die sie aussprachen, von den Intriguen, die sie ersannen, von der Gottlosigkeit, die sie mit dem Schleier ihres angenommenen Christenthums deckten. Solche Reden mußten schließlich bei einer schwachen und abergläubischen Frau, wie Isabella es war, Glauben finden. Im September 1480 setzte sie, wenn auch widerstrebend und zitternd, ihre Namensunterschrift unter das Document, durch das die Inquisition in ihrem Reiche zur Herrschaft kam. Fray Thomas de Torquemada wurde zum Groß-Inquisitor ernannt und das Kloster von St. Paul mit dem anliegenden Schlosse von Triana zum Hauptsitz des Tribunals bestimmt. Als „Quemadero oder Verbrennungsplatz für Ketzer" sollte ein in der Nähe liegendes freies Feld dienen, das durch Steinpflaster abgegrenzt und an den vier Ecken mit grotesken Statuen von Propheten geschmückt wurde. Der Platz führte seinen alten Namen bis zum Anfang des neunzehnten Jahrhunderts. —

Die Ausführung wurde von der Geistlichkeit nicht hinausgeschoben; bereits im Anfange des Jahres 1481 begann die Inquisition ihre mit ausgedehnter und erweiterter Befugniß ausgestattete, fluchwürdige Thätigkeit. Sie darf den nicht beneidenswerthen Ruhm für sich beanspruchen, im Namen der durch sie geschändeten Religion Gewaltthaten verübt zu haben, wie sie die Geschichte nicht zum zweiten Male aufzuweisen hat und unter dem Vorwande, Spanien von Ketzerei und Judenthum zu säubern, wurde so dieses schöne Land in einen Abgrund gestürzt, aus dem es sich nie wieder erheben konnte.

Wenngleich die Juden und Mohamedaner nicht unter der Gerichtsbarkeit der Inquisition standen und nicht vor ihren hohen Richterstuhl gefordert, und wenngleich die Anklagen wegen Hexerei und Ketzerei nur selten noch erhoben wurden, so fand sich dennoch ein weites Feld, auf dem die Inquisition ihre blutige Ernte halten konnte. Es waren die Marannen oder Neu-Christen, gegen die der neu aufgebaute Apparat sich mit seiner ganzen Kraft richtete. Der Schrecken der Unglücklichen war grenzenlos; sie erkannten die Gefahr, in der sie schwebten und suchten schaarenweise Heil und Rettung in eiliger Flucht aus Sevilla. Den Herzog von Medina-Sidonia, den Marquis von Cadix und andre große Adlige, die in ihren Besitzungen eine nahezu souveräne Stellung einnahmen, hielten sie für mächtig, um sie bei dem losbrechenden Sturme zu schirmen. Gastfrei wurden sie hier aufgenommen, aber ihre Hoffnung, dem Arme der Inquisition nun entronnen zu sein, erwies sich bald als eine trügerische; das erste Edict des neuen

Tribunals mußte sie bitter enttäuschen; in ihm wurden alle Edelleute, Barone und Gutsbesitzer aufgefordert, bei Verlust ihrer Titel und Würden und Einziehung ihrer Besitzungen, alle flüchtigen Marannen innerhalb der nächsten vierzehn Tage nach Sevilla auszuliefern. Inzwischen begann die Inquisition ihre Arbeit; schon in den ersten vier Tagen nach ihrer Einführung loderten die Flammen eines „Auto-da-fé oder Glaubensactes" hell auf, und sechs Menschen fanden in ihnen den Tod. Im März, April und November wurden neue Menschenopfer geschlachtet, und so ging das Morden immer weiter und weiter. Am Schlusse des ersten Jahres waren nur 298 Ketzer verbrannt, aber schon im zweiten nicht weniger als 2000. Glücklich konnten sich noch die 17,000 zur Buße Verurtheilten preisen, die mit dem ganzen oder theilweisen Verlust ihres Vermögens davon kamen und mit ihrer Familie für ehrlos erklärt wurden.

Die Erfolge dieses zweiten Jahres (1482) verdankten die Inquisitoren einer so schlau erdacht, wie geschickt gelegten Falle, in die, keinen Verrath fürchtend, so viele Convertiten gingen; sie kannten noch nicht die ganze Verworfenheit dieser Männer! Die Herzlosen erließen einen „Gnadenact". Alle Neu-Christen, die sich durch Ausübung gewisser Ceremonien eines Rückfalls in den Judaismus schuldig gemacht hatten, wurden aufgefordert, frei hervorzutreten und sich selbst anzugeben. Wer sich bußfällig zeigte und Besserung gelobte, erhielt die Zusicherung voller Absolution und der Erhaltung des Lebens und Eigenthums.

Viele Marannen trauten der verlockenden Stimme dieses Gnaden-Erlasses; sie kamen und erleichterten ihren Erzfeinden die Last, die ihnen das Nachspüren und Spionieren verursachen mußte; das Tribunal wußte ja nun, wer die Verdächtigen seien; aber auch das genügte noch nicht. Die Bußfälligen mußten zu Verräthern und Angebern werden und wurden nicht eher entlassen, als bis sie alle ihre Verwandten und Bekannten namhaft gemacht hatten, die möglicher Weise gleich ihnen in den Judaismus zurückgefallen waren. Welch ein teuflischer Plan, der jeder Bosheit und jedem persönlichen Hasse die Gelegenheit bot, sich zu befriedigen! Nach Ablauf des Gnaden-Erlasses erging der Befehl an die Angegebenen, sich innerhalb sechs Tage zu stellen; fügten sie sich nicht willig, so wurden sie mit Gewalt aus ihren Häusern und ihren Familien gerissen und in die Kerker der Inquisition geschleppt.

Was galt der Inquisition als ein Rückfall in den Judaismus? Sieben und dreißig Artikel waren aufgestellt, nach denen gefragt wurde. Wenn die Geschichte sie uns nicht als verbürgte Wahrheit aufbewahrt hätte, so würden wir es nicht für glaublich halten, daß je so frivole und albern lächerliche Gründe hinreichten, vielen wehrlosen Nebenmenschen Glück, Eigenthum und Leben zu rauben. Die Inquisitoren forschten nach, wer einen Unterschied zwischen Sonnabend und den andern Tagen der Woche gemacht, indem er etwa ein weißes Tischtuch aufgelegt, oder ein reines Hemd angezogen oder bessere Kleider als gewöhnlich getragen. Verdächtig waren ferner wer einem zur Mahlzeit bestimmten Huhne den Hals durchschnitten oder bei andern geschlachteten Thieren die Blutadern entfernt hatte; wer während der Fastenzeit Fleisch genossen, sich hingegen an dem Versöhnungstage oder anderen jüdischen Fasttagen der Speise enthalten hatte; wer an dem Vortage dieser Feste ein Bad genommen, das Haar geschnitten oder die Nägel gespitzt; wer ungesäuertes Brod gegessen oder bestimmte Kräuter am Passahfeste gebraucht hatte; wer sich zur Zeit des Laubhüttenfestes grüne Zweige verschafft oder Freunden Geschenke an Früchten zugesandt; wer den von Juden zubereiteten „Koscher-Wein" getrunken oder das von Juden geschlachtete Fleisch gegessen; wer bei gewissen Gelegenheiten jüdische Segenssprüche gesprochen oder die Psalmen gesungen hatte, ohne den Schluß: „Ruhm sei dem Vater, dem Sohne und dem heiligen Geiste" hinzugefügt zu haben. Es mußte auch untersucht werden, ob Eltern ihren Kindern hebräische Namen gegeben oder den Kopf des Kindes an der Stelle gewaschen hatten, wo das Weihwasser hingesprengt war; ob Jemand seine Freunde und Verwandte zum Gastmahl eingeladen hatte, ehe er eine lange Reise angetreten; ob ein Sterbender sein Gesicht gegen die Wand gewendet oder ob Andere ihm diese Richtung gegeben; ob die Leiche mit warmem Wasser gewaschen oder ob in dem Hause eines Verstorbenen das Wasser aus allen Eimern ausgeschüttet wurde. So und ähnlich lauteten die Fragen, auf die eine Begründung zur Anklage des Rückfalls von dem neu angenommenen Glauben in die Irrthümer des alten Aberglaubens aufgebaut wurde. Traurig war in der That das Loos derjenigen, denen nachgewiesen werden konnte, das Fleisch in Oel statt in Speck gekocht zu haben. Manche „alte" Christen hatten in späterer Zeit ihre zufällige Abneigung gegen Schweinefleisch und Schaalthiere bitter zu bereuen; sie waren dadurch in den üblen Geruch gekommen, geheime Anhänger des „gottlosen Gesetzes Moscheh's" zu sein, wie es die Inquisitoren beliebte, die Thora zu benennen.

Bei solchem Gerichtsverfahren und bei der unermüdlichen Thätigkeit der Inquisition kann es uns gewiß nicht überraschen, wenn die Opfer nach kurzer Frist nicht mehr nach Hunderten, sondern nach Tausenden und Zehntausenden gezählt werden. Zudem war das zu Sevilla errichtete Tribunal nur das Vorbild vieler anderer, ähnlicher Gerichtshöfe. Alle bedeutenderen Städte Spaniens, wie Toledo, Cordova, Ciudad Real, Saragossa, Valencia, Barcelona, Madrid, Salamanka, Valladolid, Segovia und viele mehr konnten sich ihres Inquisitionshofes, ihrer Kerker und ihrer Quemaderos rühmen. Diese in späteren Zeiten als unumgänglich nothwendig angesehene Institutionen stießen bei der Einführung auf den lebhaftesten Widerspruch der Einwohner. In Aragonien bildete sich sogar bei diesem Anlaß eine Verschwörung gegen den ersten Inquisitor in Saragossa, Don Pedro de Arbues, der, frühzeitig gewarnt, zum Schutze ein Panzerhemd unter seinem geistlichen Gewande trug. Trotz dieser Vorsicht wurde er in der Kathedrale zu Saragossa niedergeworfen und getödtet (September 1485). Verbrechen dieser Art bringen gewöhnlich die entgegengesetzte Wirkung hervor;

auch hier erfolgte ein Umschlag in der Volksstimmung. Die Neu=Christen wurden der Anstiftung zum Morde an= geklagt und verfolgt; die aragonische Inquisition stand hingegen als vollendete Thatsache da und der erschlagene In= quisitor wurde später von der Kirche heilig gesprochen.

Das Vorgehen der Inquisition hatte auch noch in einen andern Kreis der Bevölkerung Furcht und Schrecken getragen. Die Neu=Christen waren vielfach Ehen mit mit den übrigen Christen eingegangen, denen Männer vom höchsten Adel und selbst angesehene Geistliche entsprossen waren. Auch diese waren also Abkömmlinge der Juden und deshalb dem schrecklichen Tribunal verdächtig. Die ruhig denkenden Spanier erwogen nicht ohne Besorgniß die Verhältnisse, sie gewahrten mit tiefstem Abscheu, bis zu welcher Ausschreitung der Mißbrauch der Macht gelangen konnte. Diese Männer traten daher zusammen, um da= gegen zu protestieren und den Papst zu ersuchen, die Be= fugnisse der neuen Behörde zu beschränken. Die Bittsteller wurden von den Neu=Christen durch das bei weitem kräftiger als Gründe wirkende Gold unterstützt; große Summen wurden verausgabt, eine päpstliche Bulle zu er= wirken, die der Inquisition ein milderes Verfahren anheim= gebe. Ihr Vorgehen war anfangs erfolgreich, Sixtus IV. erließ 1483 in der That eine Bulle, die den Eifer der Inquisition tadelte; aber Ferdinand blieb unerbittlich. Durch verschwenderische Geschenke preßte er selbst diesem Papste und dessen Nachfolgern Innocenz VIII. und Alexander VI. neue Zugeständnisse für das Tribunal ab, das wiederum alle seine Rechte bestätigt erhielt.

Es fehlte der Inquisition bis dahin ein genau präcisirtes Gesetzbuch, weßhalb Torquemada und seine Genossen sofort dessen Ausarbeitung in Angriff nahmen. In einem Codex, der 28 Artikel oder Constitutionen enthielt, sind die Pflichten und Aufgaben des heiligen Gerichtshofes in folgender Weise dargelegt. Eingangs berichtete Torquemada über die Einführung der Inquisition in Sevilla und über den gefaßten Beschluß, ähnliche Gerichtshöfe in andern Städten durch das ganze Land zu errichten. Alsdann folgte das Gnaden-Edict, das Ketzer und Judaisirende auffordert, innerhalb dreißig Tagen zu erscheinen, um zu bekennen und gleichzeitig diejenigen zu denunciren, die ihres Wissens ähnlicher Glaubensansichten huldigen. Wer sich freiwillig stellte und innerhalb der angegebenen Frist bereute, mußte eine Geldstrafe entrichten und öffentliche Buße thun. Diese Ceremonie nahm den Büßenden Ehren und Titel, schloß sie auch von allen Vertrauensämtern aus. Eine Wiedereinsetzung war unter Umständen auf Kosten des Vermögens statthaft. Absolution wurde denen jedoch nicht gewährt, die religiöse Ausschreitungen verheimlichten und nicht alle Verdächtigen angaben. Ueber die Hartnäckigen, die innerhalb der angezeigten dreißig Tage ein Bekenntniß nicht ablegten, wurde Confiscation des ganzen Eigenthums verfügt. Diese Strafe erhielt noch insofern eine Verschärfung, als nicht allein die Güter, die sie zur Zeit der verübten Ketzerei in Besitz hatten, der Inquisition verfielen, sondern auch diejenigen zurückerstattet werden mußten, die inzwischen in andere Hände übergegangen waren. Das Inquisitionsgesetz bestimmte ferner,

daß junge Leute unter zwanzig Jahren, die ihrer Aus=
sage nach durch ihre Eltern oder Vormünder verführt
waren, ein oder zwei Jahre das verhaßte Gewand „Sam=
benito" zur Buße tragen und darin allen kirchlichen Vor=
kommnissen beiwohnen mußten.

Der Sambenito (oder saco bendito), dessen wir bei
dem Inscenesetzen von Glaubens=Schauspielen oder Auto=da=
fés noch oft zu erwähnen, Gelegenheit haben werden, war ein
Gewand von rauhem Gewebe, das zu verschiedenen Zeiten
Form und Zeichnung wechselte. Das Kleid bedeckte den
ganzen Körper, war von gelber Farbe, mit Feuerflammen,
Teufelsgestalten, Schlangen und rothen Kreuzen, je nach
dem Verbrechen des Verurtheilten, bemalt. Mit dem Sam=
benito mußte auch die Coroza oder hohe spitze Mütze ge=
tragen werden, die, aus demselben Stoffe gearbeitet, mit
gleichen Verzierungen versehen war und gewöhnlich an
der Vorderseite ein Schild mit dem Namen und dem Ver=
gehen trug.

Die Unbußfertigen, die in den Kerkern des Tribunals
schmachteten, um der weltlichen Gerechtigkeit zur Bestrafung
überliefert zu werden, wurden, sobald sie noch zeitig Reue
zeigten, mit Umwandlung der Todesstrafe zu lebensläng=
licher Gefangenschaft in den Inquisitionszellen begnadigt.
Wer sich hingegen nicht bekehrte, rückfällig wurde oder
in dem Verdachte stand, nur ein geheucheltes Bekenntniß
abgelegt zu haben, fiel erbarmungslos der Verurtheilung
anheim und fand in den Flammen seinen Tod. Wer ein
Geständniß gänzlich verweigerte oder verdächtig war, nur
ein theilweises Bekenntniß abgegeben zu haben, wurde

einer von zwei Inquisitoren angeordneten und unter ihren Augen vollführten Tortur unterworfen; konnten diese nicht selbst zugegen sein, so ernannten sie Delegirte, welche die Fragen an die Gemarterten zu stellen, und seine Aussagen niederzuschreiben hatten. Die durch unerträgliche Marter erpreßten Zugeständnisse wurden oft zurückgenommen und alsdann die Tortur vom Neuen angewandt. Als eine Wiederholung derselben später für unstatthaft und gesetzwidrig bezeichnet wurde, wußten die Inquisitoren einen andern Weg einzuschlagen. Sie erklärten die Procedur für nicht beendigt und „aufgeschoben" und nannten die Wiederholung nur eine Fortsetzung der Tortur. Diejenigen Angeklagten, die der Jurisdiction der Inquisition sich durch die Flucht entzogen, wurden als schuldig verurtheilt, ihres Eigenthums beraubt und oft in Effigie verbrannt. Ein Verstorbener, den man einer bis zum Jahre 1479 begangenen Ketzerei überführen konnte, ward ausgegraben, sein Leichnam verbrannt und sein ganzer Nachlaß den Erben entrissen. Für seine minderjährigen Kinder, die hierdurch enterbt waren, sorgte man bei diesen, wie bei ähnlichen Confiscationen insoweit, als sie mit geringen, vom Staate gewährten Kosten untergebracht und im katholischen Glauben erzogen wurden. Jedes von verurtheilten Personen bestimmte Vermächtniß war für ungültig und der Krone verfallen erklärt. — Die Inquisition nahm die ausgedehnteste Gerichtsbarkeit über alle herrschaftlichen Domänen, wie über die Krongüter in Anspruch und hatte das Recht, Gerichtshöfe einzurichten, wo es ihr zweckdienlich erschien. Zuletzt folgten einige auf die Führung der Inquisitoren selbst bezügliche Schlußbestimmungen. Es wurde ihnen dringend ans Herz gelegt, in Frieden unter einander zu leben. Mit der Warnung, sich nicht durch Geschenke bestechen zu lassen, war die Weisung verknüpft, alle etwa vorkommende Streitigkeiten im Geheimen durch den Groß-Inquisitor schlichten zu lassen, ohne an den Bischof der Diöcese oder die geistliche Behörde zu appellieren.

Zu den erwähnten 38 Artikeln sind nachträglich noch elf Zusatzartikel veröffentlicht, welche die innere Einrichtung des Tribunals regelten und die Pflichten des Groß-Inquisitors, der verschiedenen Inquisitoren in den Provinzen, der Registratoren, der Sekretaire, der ständigen Beamten, der Alguazils und der großen Anzahl von Unterbeamten, die später als „Familiaren der heiligen Inquisition" bekannt waren, zu präcisieren hatte. Ein für den päpstlichen Stuhl zu Rom ernannter Vertreter hatte lediglich die Aufgabe, das Interesse der Inquisition zu wahren.

Auf solchen Grundsätzen war jenes boshafte Tribunal aufgebaut, das berufen war, länger als drei Jahrhunderte seine eisernen Krallen in die Freiheit der Nation zu schlagen, jeden Gedankenflug zu ersticken, den Geist der Menschen zu tödten, oder ihm Stillstand zu gebieten. Wie kann es Wunder nehmen, wenn die Neu=Christen, zu deren Untergang dieser furchtbare Apparat in erster Linie in Thätigkeit gesetzt war, von panischem Schrecken ergriffen, verzweiflungsvoll die theure Heimath flohen nnd in andern Ländern Schutz suchten. Ihre früheren, um ihr eigenes Geschick bangenden Glaubensbrüder leisteten ihnen damals jeden möglichen Beistand zur Flucht, die sie zu Zehntausenden bewerkstelligten. Die Mehrzahl begab sich wieder nach Portugal, viele nach dem noch mohamedanischen Königreiche Granada, Andere fanden in Italien und selbst in Rom eine Zufluchtstätte.

Der Triumph der Inquisition sollte durch ein weltgeschichtliches Ereigniß noch erhöht werden. Ferdinand und Isabella hatten seit dem Jahre 1481 den Feldzug gegen die Mauren im Süden aufs Eifrigste betrieben, endlich, nach zehnjährigem, hartem Kampfe triumphierten die christlichen Waffen. Der Maurische König Abballah Boabdil unterwarf sich, seine Hauptstadt Granada ergab sich. Am Anfang des Jahres 1492 war die Herrschaft der Mohamedaner für immer von der Halbinsel verschwunden und Ferdinand und Isabella waren die alleinigen Herrscher in ganz Spanien.

Im Hochgefühl ihrer Erfolge stand das Herrscherpaar in der Alhambra zu Granada und blickte zu den Spitzen der schneebedeckten Sierra empor, zu deren Füßen die fruchtbare Vega lag. Es überschaute mit innerer Genugthuung das weite reiche Gebiet, das es nicht allein für sich, sondern auch für das Christenthum gewonnen hatte. Diese günstige Stimmung benutzten die Inquisitoren: sie bestürmten noch in Granada die Herrscher mit dem ganzen Aufwande ihrer sophistischen Beweisführung, um einen längst gefaßten und sehnlichst erwünschten Plan, die Vertreibung der Juden aus Spanien, zur Ausführung zu bringen. Ein solches Ereigniß stand keineswegs vereinzelt in der Geschichte da. Im Jahre 1290 hatte Eduard I.

ohne vorherige Zustimmung des Parlaments, die Juden aus England verbannt; 1306 decretirte Philipp der Schöne ihre erste Vertreibung aus Frankreich. Als sie später wieder zurückgerufen wurden, trieb sie Karl VI. im Jahre 1394 für immer ins Exil. Zu verschiedenen Zeiten verloren sie ihre Heimath in den nördlichen italienischen Staaten, in Sicilien und in einzelnen Gebieten Deutschlands.

Der Verwirklichung dieses Planes arbeiteten damals innere und äußere Gründe wie mächtige Triebfedern in die Hände. Der Neid und die bis zu abergläubischen Vorurtheilen gesteigerte Abneigung gegen das jüdische Volk, in die es seit lange verfallen war, so wie die verlockende Aussicht, den unermeßlichen Reichthum, den die Fortziehenden unmöglich mit sich führen konnten, als sichere Beute heimzutragen: das waren die Ursachen, die dem Vorhaben mächtig Vorschub leisteten. Torquemada nahm die Idee ohne Zweifel mit aller Energie auf. Seine Wuth gegen die heuchlerischen Neu=Christen grenzte gradezu an Raserei und der geheime Verkehr, den sie mit den Juden pflogen, hatte ihn gegen dieses ohnehin verhaßte Geschlecht nur noch mehr aufgebracht. So bestand er noch ganz vor Kurzem auf die Absetzung zweier Bischöfe, Söhne getaufter Juden. Er verlangte die Ausgrabung der Leichen ihrer Väter, die angeblich in Ketzerei gestorben sein sollten, wozu die hochwürdigen Söhne in kindlicher Liebe ihre Zustimmung versagten. Ebenso wollte er die Rabbinen zwingen, bei ihrem Eide die Namen aller der Getauften mitzutheilen, die noch jüdische Riten beobachte=

ten. Die Rabbinen wurden nicht zu Verräthern und wiesen sein Ansinnen entschieden zurück. Alles dieses bestärkte Torquemaba in dem Vorsatze, nicht eher zu ruhen und zu rasten, bis die Vertreibung der Juden aus dem ganzen Reiche den Verkehr zwischen diesen und den Neu=Christen zur Unmöglichkeit gemacht habe. Bei Ferdinand stieß er auf nur schwachen Widerstand. Dieser Fürst hatte nie Bedenken getragen, in seinen Kriegen gegen die Mauren das Geld der Juden seinen Zwecken dienstbar zu machen, aber auch anderseits niemals gezögert, seiner Antipathie gegen das ganze Geschlecht unver= holen Ausdruck zugeben. So wurden auf seine Veran= lassung bei der Einnahme Malagas zwölf Neu=Christen, die dorthin geflohen waren und ihren alten Glauben wie= der angenommen hatten, auf Lanzen gespießt und 450 jüdische Gefangene, meistens Frauen, in die Sclaverei ver= kauft, aus der sie in hochherzigster Weise Don Abraham Senior für 20000 Golddublonen loskaufte. Weniger leicht war Isabella's Zustimmung zu erlangen. Sie empfand doch noch zeitweise ein menschliches Regen, in welchem sie vor der Einwilligung zu grausamer und unmenschlicher Ver= folgung zurückschreckte.

Was vermochte indeß das Gefühl des Mitleids gegen die Gewalt der Bigotterie und gegen die bestrickende Be= weisführung der Inquisitoren? Am 31. März 1492 erschien das Schreckens=Edict, das allen Juden befahl, innerhalb vier Monate die spanischen Lande, also auch Sicilien und Sardinien, zu verlassen.

Als einzige Begründung für die Nothwendigkeit des

Erlasses wurde die Behauptung aufgestellt, die Juden seien von den Inquisitoren und Anderen schuldig befunden, die Kenntniß und Ausübung jüdischer Riten und Gebräuche verbreitet zu haben. Anfänglich, so hieß es weiter, habe man diese Maßregel auf die Vertreibung der Juden aus den Städten und Plätzen Andalusiens beschränken wollen; es habe sich jedoch als dringend nothwendig herausgestellt, das Gesetz auf das ganze Land auszudehnen. Die Verordnungen, die schon früher zur Verhinderung des Verkehrs zwischen Juden und Christen getroffen seien, hätten sich als wirkungslos erwiesen. Ununterbrochen hätten die Ersteren mit Aufbietung aller Kräfte fortgefahren, den katholischen Glauben zu untergraben und treue Katholiken zu der Beobachtung mosaischer Gebote zu verleiten. Nach reiflicher Ueberlegung müßten deshalb die Juden aus dem ganzen Königreiche verbannt werden. Demgemäß erginge hiermit der Befehl an die Bekenner des mosaischen Gesetzes, vor Ablauf des Monats Juli dieses Jahres (1492) fortzuziehen und nie zurückzukehren. Alle, die nach diesem Tage sich vorfänden, seien der Todesstrafe und der Confiscation ihres ganzen Vermögens zu Gunsten des königlichen Schatzes verfallen. Diejenigen aber — weß Standes und Ranges sie auch sein mögen — die nach jenem Termine einen Juden oder eine Jüdin beherbergten, verlören ihre Güter und ihr Vermögen. Der Erlaß sicherte den Juden während dieser vier Monate den königlichen Schutz zu und gestattete ihnen, unbehelligt zu reisen, zu verkaufen, zu veräußern und anderweitig über ihre bewegliche und unbewegliche Habe zu verfügen; er bewilligte ihnen auch die Ausführung ihrer Güter sowohl zur See als zu Land, mit Ausnahme des Goldes, Silbers und der dem Ausfuhrverbot unterliegenden Waaren.

Kein ehrenderes Zeugniß hätte den damaligen Juden Spaniens ausgestellt werden können, als es durch die gegen sie vorgebrachte Anschuldigung, Christen zum Judenthum verführt zu haben, geschieht. Diese Neu-Christen, auf die sich die Anklage nur beziehen kann, waren in der Wirklichkeit noch Juden. Im Uebrigen findet sich in dem Erlasse nicht die leiseste Anspielung von jenen böswilligen Anklagen, die Juden seien Wucherer und Betrüger, stehlen und kreuzigen Christenkinder, entweihen die Hostien oder vergiften in ihrer ausgebreiteten ärztlichen Praxis ihre Patienten. Den Inquisitoren war es vorbehalten, alle diese Verläumbungen zur Rechtfertigung ihres umbarmherzigen Vorgehens gegen die Juden geschäftig in Umlauf zu setzen.

Dieses traurige Schlußedict traf die Juden wie ein Donnerschlag, obgleich es schon Jahr und Tag wie eine drohende Wolke in der Ferne stand. Sie sollten also nun ein Land meiden, das die Väter so viele Jahrhunderte bewahrt, das sie wie kein anderes auf ihrer langen Wanderung seit der Zerstörung Jerusalems lieb gewonnen hatten. Sie mußten alle jene Angehörigen zurücklassen und sie gewisser grausamer Verfolgung preisgegeben wissen, die mit ihren Namen nicht auch ihren Glauben gewechselt und im Herzen ihr Judenthum treu bewahrt hatten. Sie waren gezwungen, den Reichthum, dessen sie sich lange erfreuten, gegen Armuth und Verbannung auszutauschen. Das waren kaum zu fassende Gedanken! Die Theilnahme, die ihr Geschick fand, war allgemein und aufrichtig; die ernstesten Anstrengungen wurden gemacht, das Unheil bringende Decret rückgängig zu machen. Die Juden erklärten sich bereit, in jede Bedingung zu willigen, jedes Opfer an Geld und Gut zu bringen, wenn ihnen nur erlaubt würde, auch ferner auf spanischem Boden weilen zu dürfen.

In dieser entscheidenden Stunde erschien jener hochherzige Mann Don Isaac Abravanel. Er hatte sich, wie wir oben gesagt haben, in Toledo niedergelassen; als die Kunde von dem drohenden Unheil zu ihm drang, eilte er, von einigen hochangesehenen Glaubensgenossen begleitet, zum Königspaar nach Granada, warf sich ihnen flehentlich zu Füßen und erbot sich, 300000 Dukaten zusammen zu bringen, wenn das Edikt zurückgenommen würde. In hinreißender Rede legte er die Gründe für den Widerruf so überzeugend dar, daß Ferdinand und Isabella schon schwankten und seiner Bitte willfahren wollten, da stürzte Torquemada, mit einem Crucifix in der Hand, vor sie hin und es ihnen entgegenhaltend, rief er ihnen zu: „Judas Ischariot hat seinen Herrn für dreißig Silberlinge verkauft, Ihr wollt ihn für 300000 Dukaten verkaufen! Hier ist er, nehmt ihn und verkauft ihn!" Diese Worte wirkten und schlossen jede weitere Verhandlung aus. Das Schicksal der Juden war unwiderruflich besiegelt. Je näher der zur Abreise bestimmte Tag nun kam und je schwieriger die Veräußerung ihrer Güter sich vollzog, desto ängstlicher waren sie bemüht, über ihr Vermögen zu verfügen. Werthvolle Ländereien wurden um ein Stück Tuch verkauft, prächtige Häuser für ein Paar Maulthiere umgetauscht und in vielen Fällen schmolz der Reichthum der Juden in einige geringe Gegenstände, die sie mit sich führen und in die Thiere, die sie davon tragen sollten, zusammen. Unberechenbar waren außerdem die Verluste, die ihnen aus ihren Geschäftsverbindungen erwuchsen. Die Klöster und die öffentlichen Institutionen, die Abligen sowie Personen jeder Stellung waren ihnen stark verschuldet; keine Vorsorge für die Einziehung der nach ihrer unfreiwilligen Abreise fälligen Schulden war getroffen und sie fielen als Gewinn den Schuldnern zu. Sie retteten aus diesem Schiffbruch, was nur zu retten war und füllten trotz des Ediktes Sattel und Hausrath mit Goldstücken oder suchten ihr Geld in Wechsel zu irgend einem, wenn auch noch so niedrigem Preise anzulegen.

Herzzerreißend und erschütternd waren die Scenen, die sich in den letzten Tagen ihres Aufenthaltes in Spanien abspielten. In den meisten Gemeinden besuchten die Juden noch einmal die Gräber ihrer Väter, um ihnen ein letztes Lebewohl zu sagen. In Placensia schenkten sie ihren Friedhof nebst einem beträchtlichen Theile anliegenden Ackers der Stadt unter der Bedingung, daß er nie bepflügt werden sollte. In Vitoria wurde ein ähnlicher Vertrag geschlossen; in Segovia rissen sie unter Thränen und Klagen die Grabsteine ihrer Väter aus und trugen sie auf ihren Wanderungen mit sich umher. Während des ganzen Monats Juli konnte man auf den Heerstraßen Spaniens lange Reihen jüdischer Auswanderer, niederge=

beugt und sorgenvoll, dahin ziehen sehen, die Einen in hinfälligem Greisenalter, die Andern in zartester Jugend, Kranke und Lahme, Schwache und Gebrechliche; Alle traf das gleiche Loos. Unter brennender Sonnengluth schleppten sie sich mühselig über dürre, staubige Ebenen, über rauhe, steile Berge und durch felsige Gebirgspässe, an denen die Halbinsel so reich ist. Mit sich führten sie ihre Thora=rollen und die geringen Reste ihres zertrümmerten Vermögens. Wie oft warfen sie sehnsuchtsvoll die Blicke zurück nach jenen theuren Plätzen, die sie nie wieder begrüßen sollten! Der Spott der Bauern und Bürger, die Verachtung und der Hohn, mit denen man ihnen überall begegnete, steigerten noch den Schmerz der ohnehin bejammernswerthen Menschen. In den ersten Tagen des August war der Auszug beendet und das Strafgericht vollzogen. Ein seltsames Zusammentreffen. Der zweite August 1492 fiel auf den 9. Aw 5252, auf den Jahrestag der Zerstörung des ersten und zweiten Tempels.

So viele Leiden das Haus Israel an diesem Tage auch schon betroffen hatten, so war niemals die Erinnerung durch die traurige Wirklichkeit so vor das Auge geführt, wie bei dieser Gelegenheit. Die Zahl der abziehenden Juden ist nicht sicher festzustellen, Mariana giebt sie auf 800000 an, andere Geschichtsschreiber schätzen sie zu niedrig auf 160000, in der Wirklichkeit dürften nicht viel weniger als 400000 Seelen ausgewandert sein. —

Das Geschick der Exilierten gestaltete sich je nach der Wahl des Zufluchtsortes sehr verschieden. Die nach Marocco und Algier Entflohenen fanden eine höchst un=

gastliche Aufnahme; Viele wurden in die Sclaverei verkauft, Andere ließ man Hungers sterben, ja Einige wurden sogar aufgeschlitzt, weil man in ihren Leibern Goldstücke zu finden hoffte. Trotz aller dieser Leiden wählten nur Wenige die Rückkehr nach Spanien und die Annahme der Taufe; dieses Geschick war aber denen wider Willen bestimmt, die an der Spanischen Küste Schiffbruch litten und die man nun mit Gewalt hierzu zwang. In der Türkei wurden sie freundlich empfangen und Sultan Bajazet soll in richtiger Würdigung ihres Werthes geäußert haben: „Wahrlich, dieser Don Fernando muß ein staatskluger Monarch sein, er läßt sein Land in Armuth versinken, um das unsrige zu bereichern." Genua wollte ihnen nur einen Aufenthalt von drei Tagen in seinen Mauern gestatten, sonst gewährten ihnen die meisten Staaten Italiens bereitwillig die Erlaubniß zur Niederlassung und einige, wie Neapel, hießen sie sogar herzlich willkommen. In Navarra wurden nur wenige Juden zugelassen, welche zugleich mit ihren dortigen Brüdern schon nach einigen Jahren eine neue vollständige Austreibung erwartete. Die Mehrzahl wanderte nach Portugal aus, woselbst der bejahrte, edle Rabbiner und große Talmudist Isaac Aboab von Toledo vom Könige Johann II., trotz heftigen Widerspruchs der Judenfeinde, für sie die Erlaubniß erwirkt hatte, dieses Land betreten zu dürfen. Freilich war die harte Bedingung daran geknüpft, daß jeder Emigrant eine Kopfsteuer zu zahlen habe und freilich war es ihnen gleich eröffnet, innerhalb acht Monate das Land wieder zu verlassen; zu diesem Behufe wollte ihnen die

Regierung eigene Schiffe zu mäßigen Ueberfahrtspreisen stellen. Es scheint, als ob diese Masseneinwanderung den portugiesischen Juden Unruhe und Besorgniß eingeflößt habe, da ihre eigene Stellung damals keineswegs eine gesicherte war und ein so plötzlich eintretender Zuwachs von unglücklichen, verarmten Glaubensgenossen traurige Befürchtungen für die Zukunft erwecken mußte. Nichtsdestoweniger sollen beinahe 150000 der aus Spanien Vertriebenen sich nach dieser Zufluchtsstätte gewandt haben. (Auch die Angaben dieser Zahl weichen sehr von einander ab.)

Nicht unerwähnt wollen wir das mannhafte Auftreten der Rabbinen lassen, die aller Orten zum Ausharren im Glauben und zum Erdulden der Leiden ermahnten. Ihre Reden verhallten nicht wirkungslos; die Unglücklichen beugten sich in Ergebung und ertrugen still die ihnen von Gott auferlegten Leiden. Einzelne wenige Juden, unter ihnen Abraham Senior und sein Sohn, wählten die Taufe statt der Verbannung, aber es war nur eine verschwindend kleine Zahl, die zu diesem letzten Rettungsmittel griff. Die Feuer und Flammen der Inquisition hatten schon damals zur Genüge bewiesen, daß die Taufe nur eine schwache Bürgschaft für Rettung leiste und daß die Neu-Christen nicht mehr geschützt vor Verfolgungen wären, als die im Glauben der Väter treu Ausharrenden.

Spanien war somit seiner zahlreichen jüdischen Bevölkerung beraubt; die besten Aerzte waren zur größten Unbequemlichkeit der Bevölkerung aus dem Lande geschickt und Handel und Industrie siechten dahin, bis sie beinahe

ganz ausstarben; die großen Geldsummen, die man den
Juden schuldete und die noch größeren Werthe, die sie
zurücklassen mußten, wanderten in die Hände ihrer Schuld=
ner oder — zwar zum größten Theile — in die der
Herrscher; die Synagogen wurden durchräuchert und in
Kirchen umgewandelt.

Unglücklicher Weise wüthete zur Zeit der Vertreibung
in Castilien eine Pest, welche die Flüchtlinge in die fern=
sten Länder, in die sie kamen, verschleppten. Ihrer An=
kunft wurde daher mit Widerwillen und Sorgen entgegen=
gesehen. Dieser Umstand bewog auch den König Johann,
ihre Abreise von Spanien zu beschleunigen und zu dem
Zwecke, dem getroffenen Uebereinkommen entsprechend,
zeitig Schiffe zu stellen. Die Kapitaine und Matrosen
dieser Schiffe waren rohe und hartherzige Männer, die
den Auswanderern die härtesten Bedingungen auferlegten,
sie ihres Geldes, ihrer Kostbarkeiten, selbst ihrer Kleider
beraubten. Wurden sie dann nackt und bloß an unfrucht=
bare Stellen der afrikanischen Küste ausgesetzt, so waren
sie ihrem Schicksale, Hungers zu sterben oder den Mauren
als Sclaven verkauft zu werden, mitleidslos überlassen.
Des Königs Barbarei übertraf noch diese Rohheit durch
einen neuen Erlaß. Alle Kinder im zarten Alter vom
dritten bis zehnten Jahre, deren Eltern bei der Einwan=
derung in Portugal aus Armuth oder andern Gründen
die Kopfsteuer zu zahlen unterlassen hatten oder im Lande
zu bleiben sich veranlaßt sahen, wurden gewaltsam ihrer
Familie entrissen. Diese armen Kleinen sandte er nach
den vor Kurzem entdeckten St. Thomas Inseln, wo unzäh=

lige Alligatoren und Raubthiere hausten, um sie dort zu Christen erziehen zu lassen. — So gestaltete sich das Geschick der nach Portugal Eingewanderten. Nur sechshundert der reichsten jüdischen Familien Spaniens hatten sich durch ein besonderes Abkommen das Recht erworben, nach Zahlung von 60,000 Gold-Cousaden in Portugal eine neue Heimath zu gründen. Außer diesen wurden einige brauchbare Handwerker von der allgemeinen Ausweisung ausgeschlossen.

Das tyrannische Verfahren des Königs von Portugal führt uns zu der Betrachtung der Lage der eingebornen jüdischen Bevölkerung auf der Halbinsel. Wir haben bereits oben erwähnt, daß sie dort während einiger Jahrhunderte eine geachtete Stellung einnahmen, daß sie die höchsten Vertrauensämter verwalteten, die Kirchen- und Staatssteuern gepachtet und hierdurch die Feindschaft der Bevölkerung sich zugezogen hatten, obgleich sie in diesen Aemtern sich liberaler, als christliche Einnehmer erwiesen hatten. Wir haben ferner gesehen, wie bis zum Jahre 1449 wenige oder gar keine Verfolgungsangriffe auf sie gemacht wurden, wie hingegen Alfonso V., der von 1438 bis 1481 regierte und ausschließlich von seinen afrikanischen Kriegszügen in Anspruch genommen war, vielen Juden sein besonderes Vertrauen schenkte und ihnen im Ganzen huldvoll zugethan war. Gegen das Ende seiner Regierung, wie auch unter der folgenden Regentschaft, nahmen Eifersucht und Bigotterie stetig zu. Es ergingen bereits Edicte, welche die Juden strenger in ihre abgesonderten Viertel wiesen, ihnen untersagten, christliche Dienstboten zu halten,

Sammet, Juwelen und silberne Geräthe zu gebrauchen und auf Pferden zu reiten. Diese Edicte müssen die Personen schwer betroffen haben, die sich bereits an üppige Lebensweise gewöhnt hatten und denen äußerer Prunk zur Gewohnheit geworden war. Aber sie übersahen gern diese kleine Beschwerde, so lange sie nur noch geduldet waren. Sie fühlten sich schon glücklich, daß ihr Gottesdienst und die Ausübung ihrer Riten durch den Staat geschützt und sie in ihren religiösen Angelegenheiten unbehelligt waren. Ein dunkler Fleck blieben zwar die vielen, den Convertiten eingeräumten Privilegien, von denen besonders eines in seiner strengen Durchführung Sitte und Moral untergraben mußte. Ein Jude, der noch zu Lebzeiten der Eltern das Christenthum annahm, sollte nämlich sofort die ganze Erbschaft antreten, gleichsam als wären die Eltern schon verstorben.

Wenn auch der Nachfolger Alfonsos, Johann II., die unglücklichen spanischen Flüchtlinge hart und rücksichtslos behandelte, so widersetzte er sich jedoch entschieden der Einführung der Inquisition und zeigte sich einer Vertreibung der durch ihren Reichthum und ihre Intelligenz außerordentlich nützlichen Bevölkerung durchaus nicht geneigt. Seine grausame Handlungsweise und seine offenkundige Verfolgungssucht verfehlten trotzdem nicht, das Vorurtheil des Volkes gegen die eingeborenen Juden Portugals zu beeinflussen. Die Erbitterung, die viele Generationen hindurch bei der Bevölkerung im Wachsen begriffen war, erhielt dadurch, wenn auch unbeabsichtigt, neue Nahrung. Don Johann starb im Jahre 1495. Da sein einziger legitimer Sohn Don Alfonso durch einen Sturz vom Pferde vor vier Jahren gestorben war, bestieg nunmehr sein Vetter Don Manuel den Thron.

Dieser Fürst, dem seine Zeitgenossen wegen seiner glücklichen Unternehmungen den Namen „der Glückliche" gaben, legte bei seinem Regierungsantritt einen höchst toleranten Sinn an den Tag. Er widerrief die drückenden Edicte seiner Vorgänger und setzte die Juden wieder in ihre frühere Stellung ein. Er ließ sich dabei von der Ansicht leiten, eine Bekehrung leichter durch Milde und Gnade, als Härte und Vertreibung erreichen zu können. Die dankbaren Juden boten dem Könige eine große Geldsumme an, die er jedoch ausschlug. Wie in früheren glänzenden Zeiten verkehrte ein gelehrter Astronom, der damals für einen Astrologen galt, Abraham Çacuto am Hofe und wurde vom Könige bei jeder wichtigen Angelegenheit zu Rathe gezogen. Neben diesem Gelehrten erfreuten sich auch andre weise Juden der königlichen Gnade und seines Schutzes. Dieses Glück war jedoch nur ein rasch verschwindender Sonnenstrahl, der die Nacht, die ihm folgte, nur um so düsterer erscheinen ließ. Don Manuel saß kaum ein Jahr auf dem Throne, als er um die Hand der Donna Isabella, der jungen Witwe des verstorbenen Königs Alfonso, der ältesten Tochter Ferdinands und Isabellas, warb und die Bewerbung mit allem Eifer betrieb. Es ist nicht geschichtlich aufgeklärt, ob der Liebreiz der Prinzessin ihn bezauberte oder ob politische Berechnung ihn dazu veranlaßt. Die katholischen Herrscher Spaniens hatten nämlich nur einen Sohn; eine Vereinigung der beiden Kronen auf seinem Haupte und dem seiner Nachkommen lag daher nicht außer dem Bereiche der Möglichkeit. Die Bigotterie der Eltern hatte sich in hohem Grade auf die Prinzessin vererbt, die sich entschieden weigerte, den Wünschen Don Manuels Gehör zu schenken, bis er in die Vertreibung aller in seiner Herrschaft weilenden Mohamedaner und Juden gewilligt habe. Da die Zahl der ersteren in Portugal nur eine ganz geringe war und ihre Zwangsbekehrung leicht zu Repressalien gegen die vielen in den moslemischen Staaten zerstreut lebenden Christen veranlassen könnte, wurde über diese nur die Strafe der Ausweisung verhängt und ihnen jeder Vorschub bei der Ausführung ihrer Abreise aus dem Lande geleistet. Anders lag die Angelegenheit in Betreff der Juden, bei denen an eine Wiedervergeltung nicht zu denken war und mit denen der Herrscher nach Willkühr und Laune verfahren konnte. Die Entscheidung verzögerte sich dennoch, Monate lang wurde hin und her debattirt, ob die Verbannung eines so reichen und gewerbfleißigen Theiles der Bevölkerung ohne Schädigung des Nationalwohlstandes durchzuführen sei. Gegen eine Zwangstaufe sprachen sich die gemäßigteren Geistlichen ganz entschieden aus, weil durch sie kein Anrecht auf ewige Seligkeit erworben würde. Der König war jedoch gegen alle Vernunftgründe taub und erließ im December 1496 eine Proclamation, die allen nichtgetauften Juden anbefahl, innerhalb der nächsten zehn Monate, bei Strafe der Confiscation ihres Vermögens, Portugal zu verlassen; die Habe der trotz des Verbotes

Zurückbleibenden fiel den Angebern zu. Den Fortziehen=
den wurde das Recht zugestanden, ihre Schulden einzu=
cassieren und ihr Vermögen zu realisieren; es sollten ihnen
auch rechtzeitig Transportmittel zur Verfügung gestellt
werden. Diesem ersten königlichen Decrete folgte in April
ein zweites, das verschärfte Bestimmungen enthielt. Kinder
unter vierzehn Jahren, deren Eltern die Auswanderung
und nicht die Taufe wählten, sollten ihrer Familie ent=
rissen und, zerstreut durch das ganze Land, geeigneten
Personen zur Erziehung im Christenthum anvertraut wer=
den. Dieser barbarische Befehl mußte am nächsten Passah=
feste, das die Juden im Familienkreise zu feiern pflegen,
ausgeführt werden.

Der Jammer und die Verzweiflung, welche die Juden
ergriffen, spottet aller Schilderung. Ihre nächste Sorge
war, die Kinder zu verbergen oder bei menschlich fühlenden
Christen versteckt zu halten; es war aber ein nutzloses
Beginnen. Mit allem Eifer wurde auf sie gefahndet.
Sobald man sie entdeckt hatte, schleppte man sie rücksichts=
los zur Taufe. Väter und Mütter, vom Wahnsinn ge=
foltert, tödteten mit eigener Hand ihre Lieblinge und
gaben sich dann selbst den Tod.

Während der wenigen Monate, die ihnen zum Aufent=
halte bewilligt waren, versuchten die Juden mit allen nur
denkbaren Mitteln das Herz des Königs zu rühren. Als
sie schließlich alle ihre Anstrengungen erfolglos sahen,
baten sie nur um die Erlaubniß, von drei Plätzen aus,
anstatt von einem Hafen, ihre Abreise vollziehen zu dürfen.
Don Manuel verhandelte dieserhalb mit ihnen, erklärte

aber schließlich, daß die Abreise nur nach der gegebenen Weisung und zwar von Lissabon selbst aus gestattet werden könne. Dem Gebote folgend, versammelten sich über 20,000 Juden in der Hauptstadt, wo sie in ausgedehnten Baracken, Estãos genannt, untergebracht wurden.

Man suchte sie durch hohe Versprechungen und gemeine Einschüchterungen zum Abschwören ihres Glaubens zu bewegen. Als auch dieses nichts half, erschien ein neues Edict, durch welches alle Kinder zwischen vierzehn und zwanzig Jahren ihren Eltern entrissen und getauft werden sollten. Ganze Schaaren wurden bei den Haaren und Händen in die Kirchen gezogen, mit dem Taufwasser besprengt, mit neuen Namen belegt und dann denen überliefert, die es übernommen hatten, sie in der christlichen Lehre zu unterrichten. Zuletzt wurden auch noch die Eltern selbst aufgegriffen und es wurde ihnen das Anerbieten gemacht, ihre Kinder ihnen zurückzugeben, wenn sie sich taufen ließen; sofern sie sich aber weigerten, sollten sie drei Tage ohne Speise und Trank eingekerkert werden.

Solchen teuflischen Befehlen gegenüber standhaft zu bleiben, ist fast mehr als der menschlichen Kraft zugetraut werden kann. Und dennoch, zum Ruhme des jüdischen Stammes sei es gesagt, blieben auch jetzt Viele, Viele unerschüttert in ihrem Glauben. Widerstand konnte nicht geduldet werden und so decretirte man, daß das Loos, welches die jüngeren Glieder der jüdischen Bevölkerung bereits getroffen hatte, nun auch die Erwachsenen und Alten theilen sollten. Unter herzzerreißendstem Geschrei und entschlossenstem Widerstand zerrte man Männer und

Frauen, Alt und Jung, in die Kirchen und unter dem Hohngelächter und Jauchzen der fanatisierten Bevölkerung empfingen sie die Taufe. Aus der ganzen großen Schaar gelang es nur sieben oder acht muthigen Männern, der Gewalt zu entgehen und die Ueberfahrt nach der Küste Afrikas auszuführen.

Die in andern Theilen des Landes noch zerstreut wohnenden Juden hörten von den Leiden ihrer Brüder und nahmen, der Gewalt weichend, das Christenthum als Maske an; Viele aber gaben sich selbst den Tod, als die einzige Rettung vor Glaubensheuchelei. Der Judaismus war somit dem Namen nach aus Portugal vertilgt, wie fünf Jahre früher aus Spanien.

Unter solchen Schreckensthaten und Grausamkeiten feierte Don Manuel seine Verbindung mit Donna Isabel; die Ehe war nur von kurzer Dauer. Noch war das erste Jahr ihrer Vereinigung nicht abgelaufen, als die Fürstin ihrem Bruder Don Joao, dem einzigen Sohne Ferdinands und Isabellas, ins Grab folgte; später heirathete der König ihre Schwester Donna Maria. Der schlaue Monarch hatte durch diese gewissenlosen und unbarmherzigen Handlungen die von der Prinzessin und ihren bigotten Eltern gestellten Bedingungen erfüllt und nun scheinbar das Land vom Judaismus und Mohamedanismus gesäubert. In die Einführung der Inquisition hatte er nicht gewilligt, obgleich man unaufhörlich ihn bestürmte, seine Zustimmung hierzu zu geben. Ohne diese Zwangsmaßregel ans Ziel seiner Wünsche gelangt, trug er nun äußere Milde und Gnade zur Schau, um die Neu-Christen mit der ihnen aufgedrungenen Religion auszusöhnen. Gegen Schluß des Jahres 1497 versprach er in einem Erlasse den Convertiten für die nächsten zwanzig Jahre seinen Schutz gegen jede Verfolgung. In diesem Zeitraum sollte ihnen, so viel wie möglich, die Lehre ihres neuen Glaubens eingeprägt werden und nach Ablauf dieser Frist sollte jeder Unterschied zwischen den alten und neuen Christen verschwinden. Wer dann angeklagt wurde, jüdische Riten beobachtet zu haben, wurde dem Civilgericht überwiesen und, wenn er schuldig befunden wurde, mit der Confiscation seines Vermögens, das den nächsten christlichen Erben zufiel, bestraft. Diese milde Behandlung der Neu-Christen fand nicht den Beifall der Bevölkerung, deren Haß gegen die Convertiten noch tödtlicher war, als gegen die sich offen zum Judenthum Bekennenden. Dem Könige entging diese Mißstimmung nicht, die wieder drückende Erlasse hervorrief; die Lage der Neu-Christen wurde allmählich so unerträglich, daß diese schaarenweise entflohen und nach andern Ländern sich wandten. Leider war der großen Mehrzahl dieser Ausweg versperrt.

Das spanische Königspaar setzte unermüdlich seine Bemühungen zu Gunsten der Inquisition fort und wollte um jeden Preis den königlichen Schwiegersohn zur Einführung derselben in Portugal bewegen. Sie erreichten bei ihm aber nur den Erlaß eines Gesetzes, welches einem Spanier die Niederlassung in Portugal untersagte, wofern er nicht den Nachweis liefern konnte, niemals der Ketzerei beschuldigt zu sein. Dieses Gesetz erwies sich wirkungslos und hielt keineswegs die von der Inquisition fast zu Tode gehetzten Neu=Christen ab, die Grenze zu überschreiten. Der Volksunwille stieg hierdurch noch höher. Bald begannen die Vorspiele zu dem dann folgenden schrecklichen Drama. Eine Hungersnoth im Jahre 1503 und ein Straßencravall 1504 gaben dem Volke die ersten Anlässe, seine Wuth auszulassen; und zwei Jahre später, 1506, wurde eine Pest die Ursache, die Erregtheit der Menge noch mehr anzustacheln. Am Pfingstsonntage dieses Jahres betete die Gemeinde in einer der Hauptkirchen um Befreiung von dieser harten Geißel, da zog plötzlich ein Lichtstrahl über einem Reliquienkästchen von Glas die Aufmerksamkeit der Andächtigen auf sich und sogleich erscholl der Ruf: ein Wunder! ein Wunder! Der Glanz war augenscheinlich nur ein Lichtspiel. Ein Anwesender, unglücklicherweise ein Neu=Christ, ließ die unvorsichtige Bemerkung fallen, er sähe nichts Wunderbares in der Erscheinung. Ein Zweifel aus dem Munde eines verhaßten, verkappten Juden unter einer Menge schwärmerischer Wundergläubigen! Seine Nachbaren hatten es gehört und stürzten sich in Wuth auf den unglücklichen Mann. Sie tödteten ihn auf der Stelle, errichteten einen Scheiterhaufen auf dem Marktplatze und verbrannten seinen Leichnam. Bald war die ganze Stadt in Aufruhr. Die Luft erdröhnte von dem Geschrei: Ketzerei, Ketzerei! Die Volksmenge ergriff alle Neu=Christen, die ihnen in den Wurf kamen, und schlug sie mitleidslos nieder. Selbst manche gute Katholiken, deren Gesichtszüge jüdische Abstammung vermuthen ließen, wurden getödtet, ihre Häuser geplündert und zerstört. Die Hauptstadt bot ein entsetzliches Bild der Ver=

wüstung und Vernichtung. Männer, Frauen und Kinder wurden aus den Kirchen, wo sie sich geschützt glaubten, hervorgezogen und in den Straßen lebendig verbrannt. Spät am Dienstag Nachmittag, als der Volkswuth bereits über 3000 Menschen zum Opfer gefallen waren, schritt die Behörde langsam und zögernd ein und stellte scheinbar Ruhe und Ordnung her.

Don Manuel gerieth über die Verfolgung in grenzenlose Wuth. Seine nächste Sorge war die Neu-Christen über ihre Zukunft zu beruhigen. Durch ein sofort erlassenes Edict gewährte er ihnen volle Gleichheit vor dem Gesetze und verlängerte die ihnen zur Erfassung der christlichen Lehre gewährte Frist bis zum Jahre 1526. Er gestattete ihnen ferner, frei und ungehindert, ganz nach Belieben das Land zu verlassen und sicherte denen, die bereits schon ausgewandert waren, bei ihrer etwaigen Rückkehr Schutz und Schirm zu.

Die Convertiten scheinen bis zum Schluß seiner Regierung 1521 keine weitere Verfolgungen erlitten zu haben, obgleich die allgemeine Stimmung gegen sie sich kaum merkbar freundlicher gestaltete. Don Manuels Nachfolger, der neue König Johann III. (1521—1557) hegte den tödtlichsten Haß gegen den jüdischen Stamm; dennoch zeigte er, auf Antrieb der Minister seines Vaters, bei seinem Regierungsantritt Duldung gegen die Neu-Christen und versprach ihnen eine Verlängerung ihrer Gnadenfrist bis zum Jahre 1534.

Inzwischen begann das Intriguenspiel zur Einführung der Inquisition in Portugal von Neuem. Ein

getaufter Jude, Henriquez Nunez, wegen seiner orthodoxen
katholischen Lebensweise, „Firma=fe" genannt, stahl sich
in das Vertrauen seiner Glaubensbrüder, die in ihm keinen
Verräther vermutheten und ihn in ihre Herzensgeheim=
nisse einweihten. Dieser Nichtswürdige überbrachte Alles
dem Könige, der nicht wenig durch die Nachricht beunruhigt
ward, daß der größere Theil der Neu=Christen mit allen
Fasern ihres Herzens noch Juden seien und ihr Christen=
thum nur äußerlich zur Schau trügen. Er empfahl daher
die Einrichtung des Inquisitionstribunal, das sich in
Spanien zur Auffindung und Ausrottung der Ketzerei so
außerordentlich bewährt hatte. Dieser elende Mensch
wurde im Jahre 1524 erdolcht — eine That, deren
Folgen die Neu=Christen schwer zu büßen hatten. —
Weder der Papst, noch die portugiesische Geistlichkeit, selbst
nicht die Masse des Volkes, sahen mit innerer Genugthuung
auf die Einführung der Inquisition; aber die Königin,
eine Schwester Carls V., dieser mächtige Fürst selbst und
die Dominikanermönche: sie alle ließen in ihren Anstren=
gungen nicht nach, bis im December 1531 Clemens VIII.
eine Bulle erließ, durch die das Tribunal in Portugal
Eingang fand.

Zehn Jahre lang schwebte die Angelegenheit; die
Neu=Christen waren erklärlicher Weise aufs Höchste er=
schreckt und reiche Summen jüdischen Geldes wanderten
in den Schatz St. Peters, um das drohende Unglück abzu=
wenden. Sie ergriffen auch noch andere Mittel und hielten
einen geheimen Agenten in Rom, einen getauften Juden,
Namens Duarte de Paz, der das Vertrauen des Königs

in hohem Grade genoß und für sie wirken sollte. Dieser Mann arbeitete aber nur in seinem eigenen Interesse und im Jahre 1539 fand er es für sich vortheilhaft, die Schritte der Neu=Christen dem Könige zu denuncieren. Zufällig war jedoch Duarte beim Papste in Verdacht gerathen und wurde ins Gefängniß geworfen, so daß sein Verrath ohne üble Folgen blieb; bei seiner Freilassung floh er nach der Türkei, woselbst er als Mohamedaner starb.

Komplotte und Gegenkomplotte wurden geschmiedet, Bullen und Gegenbullen wurden erlassen, bis endlich im Jahre 1541 der Inquisitionshof seine schreckliche Laufbahn begann und im October ein erstes Auto zu Lissabon feierte.— Beiläufig sei hier erwähnt, daß 1519 bei der Thronbesteigung Karls V. (des ersten von Spanien) die Juden den letzten Versuch um Wiederzulassung in Spanien machten. Eine hochangesehene Deputation von Marrannen stattete ihm in Flandern einen Besuch ab und bot ihm die Summe von 800,000 Gold=Ducaten, wenn er die Erlaubniß zur Rückkehr gäbe und freie Religionsausübung gestattete. Der König befand sich zur Zeit in Geldverlegenheit und machte Miene nachzugeben. Cardinal Ximenes jedoch, der nach dem Tode Dezas, des Nachfolgers Torquemadas, Groß=Inquisitor geworden war, schickte eilends einen Gesandten nach Brüssel, und ließ den Kaiser bitten, von einem Beginnen abzustehen, durch welches die Glaubens-Interessen um schnöden Geldgewinn verschleudert würden.

Um die Mitte des sechzehnten Jahrhunderts, des goldenen Zeitalters moderner Kunst, der Blüthezeit der zu neuem Leben erwachten Literatur, in jener Zeit, als die durch fortwährenden Kampf und Streit verwilderten Sitten milderen Formen weichen mußten, erhob das furchtbare Gespenst der Inquisition in erschreckender Wirklichkeit das Haupt. Auf der ganzen Halbinsel, in all den ausgedehnten, den Kronen Spaniens und Portugals unterworfenen Colinien, in Amerika, in Afrika und in Asien erstand sie zu gleicher Zeit. Ohne Zweifel trug der so kraftvoll sich erhebende Protestantismus, welcher das ganze römisch-katholische Christenthum umzustürzen drohte und den Kaiser Karl V. in seinen deutschen und flämischen Besitzungen so anhaltend beunruhigte, viel dazu bei, der Inquisition in Spanien Halt und Stütze zu gewähren und der Einführung derselben in Portugal vorzuarbeiten. Da jedoch die Lehren Luthers nur wenige Anhänger in beiden Ländern fanden, so fiel die ganze Schwere des Tribunals auf die Juden. Nichtsdesto weniger war aber diese Maschine schon oft sehr geschickt verwandt, um in den von ihr gestellten Schlingen alle diejenigen zu fangen, die in irgend einer Weise dem heiligen Gerichtshofe verdächtig erschienen, jedoch vermöge ihrer Stellung vor jedem andern Angriffe geschützt waren.

Nun aber konnten Cardinäle und Bischöfe, Prinzen und Prinzessinnen vom königlichen Geblüte dem Geschicke nicht entgehen, der Aburtheilung durch das Tribunal zu verfallen, und selbst Philipps des Zweiten einziger Sohn, der unglückliche Don Carlos, fiel wahrscheinlich als ein Opfer inquisitorischer Machinationen. Besonders drohte hervorragenden politischen Personen und Staatsmännern die Gefahr, bei der Inquisition in Verruf zu gerathen, und in der That, es gelang ihr stets, Autoritäten, deren Beseitigung ihr wünschenswerth war, in ihre Netze zu ziehen und unter ihren fürchterlichen Händen zu zerschmettern. Sie wurde eine gigantische, politische und sociale Macht, die unter dem Scheine, das religiöse Leben der Monarchie zu überwachen, in Wirklichkeit sich zum Lebens= oder vielmehr Todesorgan des Staates gestaltete. Auch die Presse war der Controle des heiligen Officiums unterworfen, und durch Ausübung der schärfsten Censur ertödtete es jede wissenschaftliche Forschung, jeden freien Gedankenflug und machte sich zum Herrn aller Bahnen, auf denen der Menschengeist sich bewegen mochte. Das System der Angeberei und geheimen Berichterstattung war so fein und so weit ausgesponnen, daß Niemand, wie hoch er auch stehen und wie orthodox=katholisch er auch leben mochte, davor geschützt war, in Verdacht zu fallen. Ueberall lauerte die Spionage; Kinder wurden ermuthigt, das geheimste Treiben ihrer Eltern aufzudecken; Diener wurden aufgefordert, die Heimlichkeiten des Kabinets zu verrathen; Arbeiter angetrieben, über das Verhalten ihrer Arbeits= geber Mittheilungen zu machen, kurz das Heiligthum der Familie, entschleiert durch solch schändliches Beginnen, lag offen vor den Blicken der Inquisition.

Das gegenseitige Vertrauen zwischen Männern schwand, an die Stelle freundschaftlichen, brüderlichen Verkehres trat ängstliche Zurückhaltung und düsteres Schweigen. Finstere Scheu und durch Verdacht und Furcht erzeugtes Miß= trauen beherrschte die ganze menschliche Gesellschaft und prägte sich mit der Zeit zum Nationalcharacter des Spaniers aus.

Um der Thätigkeit des Spaniers ein möglichst weites Feld zu eröffnen, sollte auch auf anonyme Angaben Gewicht und Werth gelegt werden. Wie Mancher wurde in Folge dessen verleitet, Andere zu verrathen, in der Hoffnung, die lauernden Blicke der Inquisition von sich abzulenken! Konnte wohl je persönliche Feindschaft und Bosheit ein bequemeres Mittel zur Befriedigung finden, als den Feind den „milden, schonungsvollen" Händen der Inquisition zu überweisen? Ohne vorherige Anzeige wurden die Verdächtigen ergriffen und fortgeschleppt, oft in stiller Nacht aus ihrem Familienkreise, von ihren Lagerstätten hinweggerissen, um in die Kerker der Inquisition geworfen zu werden. Niemand, weder Familienglieder noch Freunde, konnte die Anklagen erfahren, die gegen den Gefangenen erhoben wurden, oder irgend welchen Verkehr mit ihm unterhalten. Gattinnen sahen sich so in einem Augenblick zu Wittwen, Kinder zu Waisen gemacht, ohne das Geschick des so gewaltsam ihren Armen entrissenen Geliebten zu kennen. Langsam schlichen die Jahre der Angst und Sorge, peinigender Erwartung und ermüdender Ungewißheit für den Gefangenen dahin. Wann endlich die sehnlichst herbeigewünschte Begnadigung erfolgte und der Arme seiner Familie zurückgegeben wurde: wie trat er wieder ins Leben zurück! Die krankhafte Gesichtsfarbe, die ausgemergelte Gestalt erzählten von der ihm widerfahrenen Behandlung. Sein ganzes Leben lang stand er unter strengster Bewachung, ein „Rückfall" fand nie Verzeihung.

Der Verlauf des legalen Gerichtsverfahren war der Art, daß es ganz in der Macht der Richter lag, den Nachweis für die Schuld oder Unschuld des Angeklagten zu führen. An jedem der ersten drei Tage nach der Einkerkerung mußten die Gefangenen ermahnt werden; die Inquisitoren riethen ihnen zu bekennen, und versicherten sie, daß ein offenes, freiwilliges Bekenntniß auch eine milde Beurtheilung erfahren würde. Dabei lernte der Angeklagte weder seine Angeber noch die gegen ihn vorgebrachten Anklagepunkte kennen, und seine Bekenntnisse genügten daher dem Richter niemals, um Schuld oder Unschuld aus ihnen zu erweisen. Wenn schließlich diese Ermahnungen und Prüfungen nicht den gewünschten Erfolg hatten, so überreichte man ihm ein von den Inquisitoren zusammengestelltes Schriftstück, welches ihm Licht über die gegen ihn erhobenen Anklagen geben sollte, ihm aber zugleich auch andere Verbrechen zur Last legte, denen er ursprünglich gar nicht beschuldigt war. Aus der Mitte der angestellten Beamten des Gerichtshofes wurde ihm auf Wunsch auch ein Vertheidiger zur Verfügung gestellt. Der Angeklagte durfte jedoch nur im Beisein der Inquisitoren und Registratoren mit seinem Anwalt verhandeln, und so erwies sich diese ihm gewährte Gnade ganz und gar als illusorisch. In seine Zelle zurückgeführt und eingepfercht, wartete der Gefangene auf ein neues Verhör, das Wochen, Monate, oder wie es oft geschah, Jahre hinausgeschoben wurde. In vielen Fällen wurde er aber sofort der Tortur unterworfen, durch die man befriedigendere Zugeständnisse herauszupressen hoffte. Wer den Ermah=

nungen der Inquisitoren willig sein Ohr lieh, die Wahrheit der Anklagen einräumte und für die Zukunft Besserung gelobte, erhielt gewöhnlich Absolution, zwar unter der Bedingung öffentlicher Buße.

Die Art und Weise einer solchen Bußübung richtete sich nach der Schwere des Vergehens. Sie bedingte zuweilen eine längere oder kürzere Einkerkerung. War diese glücklich überstanden, so wurden die Freigesprochenen aus dem Kerker geführt und mußten in dem Sambenito gehüllt, an den Thüren bestimmter Kirchen stehen und die Schmähungen der Menge geduldig ertragen. Diese Beschimpfung wiederholte sich in gewissen Zeiträumen, zuweilen ihr ganzes Leben, von Sonntag zu Sonntag, sowie an den einzelnen Festtagen. Sie hatten auch wiederholt Predigten anzuhören, in welchen ihnen ihr gottloser Lebenswandel in den grellsten Farben ausgemalt wurde und bei welchen zum Schluß die Ermahnung nie fehlte, Reue und Buße zu thun.

Vermögensverlust war über denjenigen verhängt, der sich einer schwereren Untreue gegen den Glauben schuldig gemacht hatte, während die ganze oder theilweise Zurückerstattung der Habe dem mit einer leichteren Absolution Entlassenen zugestanden wurde. In welchem Zustande fanden aber solche ihre einst so blühenden Vermögensverhältnisse! Während ihrer Gefangenschaft hatten die Officialen für ihre Güter Sorge zu tragen und sie zu verwalten; aber die Besitzungen waren inzwischen zu Grunde gerichtet und die verschiedenen Gewerke und Geschäfte der weniger Reichen hatten schwer gelitten oder waren gänzlich verkommen. So wurde der Begnadigte der Welt zurückgegeben, von Existenzmitteln entblößt, für ewig mit dem Schandfleck der Ketzerei und Ehrlosigkeit gebrandmarkt. Ueberdies behielt ihn die Inquisition stets im Auge, und ihr Späherblick verfolgte ihn gleich dem „bösen Blick" in der orientalischen Sage. Vorwände, die einen Rückfall vermuthen ließen, waren leicht erfunden, und neue Anklagen wurden dann gegen solche geschleudert, die einst zugestanden hatten, im Glauben geschwankt zu haben.

Die Inquisition hatte gewöhnlich ihren Sitz in stattlichen, obgleich düstern Palästen, in denen hinreichender Raum für die Inquisitoren, ihre Secretaire, ihre Registratoren und Familiaren war. Die Gebäude enthielten außerdem Audienzzimmer, große Säle, in denen man die Gefangenen und Zeugen verhörte, welche nie einander gegenüber gestellt werden durften, und die Gefängnisse. Die letzteren zerfielen in drei Arten. Das sogenannte öffentliche Gefängniß war für diejenigen Gefangenen bestimmt, welche sich keines directen Verbrechens gegen den Glauben schuldig gemacht hatten, aber dennoch der Inquisition zur Aburtheilung überwiesen waren. Ein zweites wurde das „mittlere" genannt und nahm solche Diener des heiligen Gerichtshofes auf, deren Führung Anlaß zur Klage gegeben hatte. Das dritte bildete den wichtigeren Theil und bestand aus den „geheimen Zellen", in welchen alle die untergebracht wurden, die eines Glaubensbruches angeklagt und zur Einkerkerung auf eine bestimmte Frist oder auf Lebenszeit verurtheilt waren.

Diese geheimen Zellen lagen gewöhnlich tief unten in den Kellern des Gebäudes. Nur schwach erhellt und

mangelhaft gelüftet, starrten sie von Schmutz, der nur
selten entfernt wurde. Zuweilen schmachtete der Gefangene
in einsamer Zelle; zuweilen wurden vier oder fünf Per=
sonen in demselben engen Raume eingesperrt, der nur sechs
bis acht Fuß im Umfang hatte. Die dicke Atmosphäre, die
drückende Hitze und das enge Zusammensein mußten natur=
gemäß Fieber erzeugen, zumal da die den unglücklichen
Gefangenen gereichte Nahrung im höchsten Grade schlecht
und ungesund war; hartes und mulstriges Brod, ein Napf
unreinen Wassers, das für alle Bedürfnisse genügen mußte,
war ihre tägliche Kost, und wenn bei seltener Gelegenheit
ihnen eine bessere Mahlzeit gereicht wurde, so war sie
häufig schon verdorben und nie wirklich nahrhaft.

In diesen Zellen und bei dieser Ernährung konnte
der Gefangene, vergraben und vergessen, Jahre lang
schmachten. Kann es da Wunder nehmen, wenn gar oft
solch eine lange, schmerzvolle Einkerkerung dem Unglücklichen
schließlich den Verstand raubte und ihn für sein ganzes
übriges Leben zur Thierheit hinabdrückte? — Eine gern an=
gewandte Praxis war auch die, in die Zellen der ein
weiteres Verhör erwartenden Gefangenen, Personen unter
dem Vorwande zu schicken, daß sie den Unglücklichen Trost
spenden sollten. In Wirklichkeit waren es keine Trost=
spender, sondern Späher, welche die Arglosen in Gespräche
verwickelten und aus unbewachten Ausdrücken Beweise für
deren Schuld erschlichen. — Ganz fern in dem entlegensten
Theile des Gebäudes war die „unterirdische Kammer", wo
die Tortur vollzogen wurde — ein langer, leerer Raum,
durch einzelne Lichter nur spärlich erleuchtet, an dessen

Wand als einziger Schmuck ein Kruzifix hing, abgesehen von den furchtbaren Martergeräthen, unter denen das Opfer sich noch krümmen sollte. Es ist weder nutzbringend, noch anziehend, bei den vielfachen Arten der Tortur zu verweilen, welche der dämonische Scharfsinn der Menschen erfunden hat, um ihren Mitmenschen Schmerz und Todesangst zu bereiten. Wir hören in verschiedenen Zeiten und Ländern von Folterbank und Rad, von Daumschrauben und eisernen Stiefeln, von Kragen und Gürteln mit untergeschlagenen Nägeln, von eisernen Stühlen, unter denen ein Feuer langsam glomm und ähnlichen teuflischen Werkzeugen. Wir schaudern zurück beim Anblick dieser rostbedeckten Zeugen menschlicher Entartung, die in Museen und Sammlungen aufbewahrt werden, und Wehmuth beschleicht uns bei dem Gedanken, daß Menschen, begabt mit Geist und Herz wie wir, dieselben haben erfinden können.

Wir können jedoch nicht umhin, drei besondere Arten der Tortur zu erwähnen, die von der Inquisition erdacht und von ihr in Verbindung mit den oben erwähnten Instrumenten angewandt sein sollen. Der Gefangene wurde bei den Händen vermittelst eines Flaschenzuges in die Höhe gezogen, Seile waren um seine Handgelenke gelegt und schwere Gewichtstücke an seinen Füßen befestigt; wenn er bis an die Decke emporgezogen war, fuhr er plötzlich bis auf einige Fuß zu dem Boden zurück, so daß seine Glieder durch diesen furchtbaren Ruck verrenkt wurden. Diese Procedur wiederholte sich oft zwei, drei Mal. Bei einer andern Tortur wurde der Gefangene in eine horizontale Lage gebracht, der mittlere Theil des Körpers ein wenig erhöht; er lag auf einem eisernen Barren, Kopf und Füße waren durch festgeschlungene Stricke gehalten; die Nasenlöcher waren verstopft, vor seinem weit geöffneten Munde lag ein Tuch, auf welches von der Decke herab Wasser tröpfelte, das langsam das Tuch in seinen Schlund trieb. Um Erstickung zu verhüten, wurde es auf Augenblicke herausgezogen und dann begann die Qual von Neuem. Die dritte Weise war, den Gefangenen mit Riemen an dem Boden festzuschnallen, die mit Fett bestrichenen Füße gegen Bratfeuer zu wenden und in dieser qualvollen Lage wohl eine Stunde lang ausharren zu lassen.

Die Tortur wurde von „Familiaren" ausgeführt; sie waren in Schwarz gekleidet, Mäntel verhüllten ihr Gesicht und ließen nur für Augen und Mund eine Oeffnung. Zwei Inquisitoren standen ihnen zur Seite, um das Verhör zu leiten und die Aussagen der Angeklagten niederzuschreiben. Wer konnte unter solch tödtlichen Schmerzen Ruhe und Fassung bewahren! In Todesangst und Wahnsinn bekannten sie die undenkbarsten, oft ganz unmöglichsten Verbrechen; in abgerissenen, unzusammenhängenden Bekenntnissen nannten sie Freunde und Verwandte, ja ihnen kaum bekannte Personen und verwickelten auch diese in ihren Proceß. Am nächsten Tage, oder sobald der Gefangene genügend hergestellt war, legte man ihm eine Abschrift seiner Bekenntnisse zur Unterschrift vor, und trotz der Falschheit oder Lächerlichkeit der einzelnen Punkte war die Furcht vor einer Wiederholung oder einer sogenannten „Fortsetzung" der Tortur so groß, daß die Bestätigung der Aussagen selten verweigert wurde. Widerrief aber der

Angeklagte, so war die nochmalige Anwendung der Tortur sicher erfolgreich und preßte nicht allein die volle Zustimmung zu den früher gegebenen Erklärungen, sondern auch das Geständniß vieler anderer Verbrechen heraus. Muth und Ausdauer führten zu Nichts; in der Sprache der Inquisitoren galten diese Tugenden für Halsstarrigkeit und Unbußfertigkeit. Wer sie bewies, empfing den Lohn dafür in jahrelanger oder lebenslänglicher Einsperrung in schaurigen Kerkern oder wurde dem Arme der „weltlichen Gerichtsbarkeit" übergeben. So lautete der euphemistische Ausdruck für das Urtheil, in den Flammen eines Autoda-fé umzukommen. Der heilige Gerichtshof war zu gnädig, um selbst die Todesstrafe zu verhängen.

Wir brauchen wohl kaum zu bemerken, daß bei einem Verfahren, das auf Verurtheilung abzielte, und bei der Schwierigkeit, die Unschuld zu erweisen, selten oder nie ein Urtheil verkündet wurde, welches völlige Freisprechung enthielt. Nach angestellter Berechnung verließ von tausend Gefangenen kaum einer unbeschädigt die Inquisition, so daß das Sprichwort entstehen konnte: „Wer von der Inquisition nicht verbrannt wird, der kommt doch nicht ungesengt davon."

Die zum Auto-da-fé Verurtheilten blieben oft viele Jahre eingekerkert, bis irgend eine große Festlichkeit, etwa eine Krönung oder eine Hochzeitsfeier, den Anlaß zu einer öffentlichen Belustigung bot; dann wurde das schreckliche Schauspiel der gläubigen Menge geboten. Wir wollen den Versuch wagen, die mit der Feierlichkeit zusammenhängenden Vorgänge zu schildern, um eine, wenn auch nur annähernde Vorstellung von dem Verlaufe zu geben.

Ungefähr einen Monat vor dem festgesetzten Tage, gewöhnlich an einem hohen Feste, erfolgte die Ankündigung, daß an dem und dem Tage ein Auto-da-fé stattfinden werde. Die Proclamation geschah mit großem Pompe durch den Groß-Inquisitor mit seinem zahlreichen Gefolge. Die stolze, roth-goldene Fahne flatterte vor ihnen her; Reihen von Soldaten in glänzenden Uniformen, von Priestern und Mönchen in buntfarbigen Gewändern begleiteten sie; den Herolden folgten die Träger von Heiligenbildern, Reliquien und edelsteinfunkelnden Crucifixen. So durchschritten sie die Stadt unter dem Rufe: „Viva la fé!" „Der Glaube für immer!" Den Zeitraum zwischen der Proclamation und der Hinrichtung füllte die Ausführung der nothwendigen Baulichkeiten aus; auf dem Hauptplatze oder Plaza Mayor wurde das Theater für die Zuschauer und die Darsteller des „großen Festes", wie man es nannte, aufgebaut.

Eines der merkwürdigsten dieser Schauspiele fand in Madrid am Sonntag, den 30. Juni 1680, gelegentlich der Hochzeit des beinahe wahnsinnigen zwanzigjährigen Königs Karl II. mit der Prinzessin Maria Louise von Orleans, der Nichte Ludwigs des Vierzehnten, statt. Wir folgen hierbei dem Berichte, den Kayserling und Andere aus verschiedenen Quellen gesammelt und uns gegeben haben. Ein Amphitheater wurde auf dem Plaza Mayor aufgebaut. Auf der einen Seite befand sich eine Loge für das Königspaar und die königliche Familie, und auf der andern ein erhöhter Baldachin für den Groß-Inquisitor, seine hohen Beamten und die Geistlichkeit. Die Diener und Officialen der Inquisition erschienen in Gala-Uniform, ebenso die verschiedenen Gewerke in Feierkleidern, Mönchsgruppen in ihren buntscheckigen Ordensgewändern, dazu eine erdrückende Volksmenge. Alle zusammengedrängt in der imposanten Arena. Durch das Wogen und Brausen der Versammlung ertönte das Geläute der Glocken und der Gesang der Priester.

Die Ceremonie begann ungefähr um sechs Uhr Morgens; um acht hatten der König, die Königin, die Königin Mutter und der Hof, die fremden Gesandten mit zahllosen Damen in Hoftracht und die zahlreichen Würdenträger des Staates die für sie bestimmten Plätze, der Gallerie der Inquisitoren gegenüber, eingenommen. Vor dieser flatterte das grüne Kreuz, das Banner des heiligen Officiums. Der Ruf „Viva la fe" erscholl plötzlich aus Myriaden von Kehlen; die traurige Procession kam näher und betrat alsbald die Arena.

Hundert schwarz gekleidete Kohlenbrenner, mit Picken und Helmen ausgestattet, eröffneten den Zug; sie forderten den Vortritt als ein altes Recht, weil sie das Material zum Scheiterhaufen geliefert hatten. Sodann kamen die Dominikaner und der Herzog von Medina-Celi, der erbliche Bannerträger der Inquisition, und andere Mönche und Adlige, Fahnen und Kreuze tragend. Es erschienen dann 34 Bilder in Lebensgröße, getragen von den Familiaren der Inquisition, die Bilder der im Gefängniß verstorbenen oder der entflohenen Juden, deren Namen mit großen Buchstaben verzeichnet waren. Ihnen folgten Dominikaner mit Särgen, in denen die Gebeine derjenigen lagen, die nach ihrem Tode der Ketzerei überführt worden waren. Dann zeigten sich 54 Männer und Frauen, Wachskerzen in den Händen, mit dem Sabenito und der Koroza bekleidet. Sie alle hatten sich des Judaisirens schuldig gemacht, aber sie hatten bekannt und bereut. Als die letzten kamen achtzehn Juden und Jüdinnen, gleichfalls in dem Sambenito und der Koroza; sie wollen in den Flammen Zeugniß ablegen von ihrer Treue gegen den Glauben Israels. Die meisten erschienen in Folge der langen Einkerkerung hager und abgezehrt, matt und hinfällig, entschlossen die Welt zu verlassen, in der sie für ihre Lehre so viel zu dulden hatten. Nur ein junges, schönes Mädchen, welches das siebenzehnte Lebensjahr noch nicht überschritten hatte, rief, als sie sich dem Platze der Königin näherte: „Großmüthige Königin! vermag Eure königliche Gegenwart mich nicht zu retten? Ich sog meine Religion mit der Muttermilch ein; soll ich denn dafür sterben?"

Die Augen der jungen Königin füllten sich mit Thränen, sie verbarg ihr Gesicht und — weiter schritt die Procession. Vor einem eigens zu diesem Zwecke errichteten Altare wurde das Hochamt gelesen mit allem Pompe, der für einen solchen Anlaß geeignet schien. Um zwölf Uhr begab sich der Groß-Inquisitor mit seinen Officialen hinüber zum Könige; in der Hand hielt er das Evangelium. Er legte dem König Karl den Eid vor, den Glauben und die Inquisition zu stützen und Alles zu thun, was in seiner Macht stehe, um die Ketzerei auszurotten. Dann hielt der

Hofprediger Seiner Majestät, Fray Thomas Navarro eine langweilige, mehrere Stunden währende Predigt, deren Text und immer wiederkehrender Refrain lautete: „Auf, o Herr! führe deinen Streit." Das Ganze war vom Anfang bis zum Ende ein Gewebe von Beschimpfungen gegen das jüdische Volk und eine lange Kette von Flüchen mit Belegstellen aus der heiligen Schrift, die sinn- und gedankenlos aus ihrem Zusammenhang gerissen waren. Er beschwor die vor ihm stehenden zerknirschten Juden, das Sündhafte ihres Lebenswandels anzuerkennen und vor dem letzten, schmerzensreichen Augenblicke ihres Lebens die Heileslehre anzunehmen. Die Erlösung nahte! Die Gefangenen wurden zu dem Gerüste geführt, das sich mitten in der Arena erhob; jeder von ihnen betrat einen käfigartigen Raum, der Name jedes Einzelnen, die Art des Verbrechens, dessen er oder sie überführt war, wurde laut verlesen. — Es war ein außergewöhnlich schwüler Tag, aber der König saß ausdauernd vierzehn Stunden ohne sich auch nur zu rühren, um eine Erfrischung zu nehmen. —

Mönche umschwirrten unaufhörlich die unglücklichen Juden und drängten sie, Buße zu thun und ihre verabscheuungswürdige Ketzerei zu bekennen. Alles vergebens! Je schwerer die Prüfung war, der sie unterworfen wurden, desto höher wuchs der Heldenmuth dieser jüdischen Männer und Frauen, die hier wie wilde Thiere in der Arena grausam ausgestellt und nur noch durch wenige Stunden von dem qualvollsten Tode getrennt waren. Endlich senkten sich die lange zögernden Schatten dieses Sommerabends, das Avemarieglöckchen ertönte mit schrillem Laut, der ganze

Chor der Priester und Mönche stimmte die Vesperhymnen an, Absolution ward ertheilt und der Groß-Inquisitor verließ seinen Sitz und begab sich zum Könige. Die heuchlerische Ceremonie der Ueberlieferung der Gefangenen an die Staatsgewalt fand statt; wie durfte die Kirche ein Todesurtheil aussprechen? Die schaurige Procession begab sich nun mit zunehmender Dunkelheit nach der Puerta de Fuencaral; außerhalb derselben war der Quemadero, wo der Schlußact sich abspielen sollte. Wer noch im letzten Augenblicke reuig bekannte, dem wurde die Gnade zu Theil, am Fuße des Scheiterhaufens erdrosselt zu werden. Die Leichname dieser „Reuigen", die Gebeine der todten Ketzer und die Bilder der Entflohenen wurden zuvörderst an dem Pfahl befestigt; nach ihnen bestiegen die lebendigen Schlachtopfer, Männer und Frauen den Holzstoß. Fest und sicher war ihr Schritt, und die Chronisten, um ihnen nicht Bewunderung zollen zu müssen, schreiben ihren Muth einem teuflischen Zauber zu. Der König zündete mit höchst eigener Hand den Scheiterhaufen an und unter dem betäubenden Applaus der Volksmenge loderten bald die Flammen, in denen diese edlen Menschen umkamen, zum Himmel empor. Die ganze Stadt war von dem Scheine grell erleuchtet; was er darstellen sollte, stellte er wirklich lebhaft dar — die Flammen der Hölle.

Jene sogenannten Bußfertigen, die ihr Leben gerettet hatten, um ein Dasein voller Gewissensqual zu führen, mußten diesem Schauspiele beiwohnen. Nach Schluß desselben kehrten sie in ihre Kerker zurück, die viele von ihnen nie wieder verließen und Andere nach einigen Tagen schon mit Galeeren vertauschten.

So verliefen die Scenen, die unter mehr oder weniger ähnlichen Umständen in allen großen Städten Spaniens und Portugals, in den ausgedehnten Colonien und abhängigen Staaten der beiden Reiche sich abspannen. Diese Gräuelthaten wiederholten sich oft zwei und drei Mal in einem Jahre, oder wohl auch nach einer längeren Pause, je nachdem der persönliche Character des Herrschers dafür empfänglich war, oder der Groß-Inquisitor vermöge seiner härteren oder weicheren Sinnesart es wünschenswerth hielt. Die Könige aus der bourbonischen Dynastie weigerten sich geradezu, bei irgend einem Auto zugegen zu sein. Obgleich bei der Thronbesteigung Philipps V. im Jahre 1701 ein solches Fest gefeiert wurde, so war der König dennoch nicht zu bewegen, Zeuge eines solchen Schauspiels zu sein. Von dieser Zeit an nahmen die Verbrennungsacte ab; zum letzten Male fand ein Mensch im Jahre 1781 zu Sevilla im Namen der Religion auf dem Scheiterhaufen seinen Tod, und dieses Opfer war kein Nachkomme des jüdischen Stammes.

In Portugal hielten sich die Menschenschlächtereien nicht so lange. Ein großes Auto-da-fé wurde in Lissabon 1705 begangen, bei welcher Gelegenheit der Erzbischof von Cranganor eine lange, giftspeiende Predigt hielt, die der Oberrabbiner der Juden in London, David Nieto, in einer besonderen Schrift widerlegte. Den Abschluß der langen Reihe dieser Menschenopfer bildete im October 1739 ein berühmter verdienstvoller dramatischer Dichter, Antonio José da Silva. Sein Geburtsland war Brasilien, das zwar den Portugiesen durch die Holländer entrissen, jenen aber später zurückgegeben wurde; dorthin waren viele getaufte Juden geflohen, um ihren Glauben wieder frei bekennen zu können.

Antonio übersiedelte mit seinem Vater und den Geschwistern nach Lissabon. Es währte nicht lange, so schienen beide, Vater und Sohn, der Inquisition verdächtig; anfangs gelang es ihnen, ihre Unschuld zu erweisen. Von nun an führte Da Silva ein zurückgezogenes, der Literatur gewidmetes Leben, glücklich im Besitze einer jungen Gattin und eines lieblichen Töchterchens. Er feierte eben deren zweiten Geburtstag, als die Familiaren des heiligen Gerichtshofes in seinen Familienkreis drangen, und ihn, seine Gattin und seine Mutter auf Grund von Aussagen einer schwarzen Dienerin in den Kerker schleppten. Nach zwei Jahren qualvoller Gefangenschaft wurde der junge Autor trotz lebhafter Verwendung, zum Flammentode verurtheilt. Seine Gattin und seine Mutter hielt man als Bußfertige eingekerkert; die letzte überlebte nur drei Tage das schaurige Ende ihres Sohnes.*)

---

*) Das furchtbare Erdbeben zu Lissabon am 1. November 1755, welches den größten Theil der Stadt in Trümmer legte, Tod und Verwüstung überall verbreitete und zwischen 30,000 bis 40,000 Einwohner hinraffte, bot vielen Juden die Gelegenheit, sich aus den Klauen der Inquisition zu retten. Der Palast des heiligen Gerichtshofes war eingestürzt, die Mauern des Gefängnisses waren weit gespalten und die Wärter suchten in der Flucht ihre Rettung. Diejenigen Gefangenen, die, bestürzt und erschreckt, der allgemeinen Zerstörung entrannen, befanden sich plötzlich in Freiheit. Nackt und

Viele Neu-Christen, die dem Judenthum zugethan blieben, suchten, wie man sich leicht denken kann, von Spanien und Portugal nach Ländern, die mehr Sicherheit boten, zu entfliehen. Diejenigen, die aus zwingenden Umständen oder äußeren Rücksichten im Lande verblieben, zeigten sich öffentlich als strenge Katholiken, während sie im Geheimen den jüdischen Satzungen treu blieben. So harrten sie in banger Sorge um Habe und Leben, und in ängstlichem Bangen um die heiligen Güter ihrer Religion, auf bessere Zeiten. Viele gelehrte Juden suchten an den italienischen Höfen, wo Wissenschaft und Kunst sich besonderer Pflege erfreuten, eine neue Heimath. Die ausgezeichnete Familie der Usques fand bei dem Herzog von Ferrara herzliche Aufnahme, unter dessen Schutz Abraham Usque seine spanische Bibelübersetzung veröffentlichte — ein höchst zeitgemäßes Werk, da die Neu-Christen das Studium des Hebräischen nicht mehr betreiben durften und allmählig jede Kenntniß der heiligen Sprache verloren ging. Spanisch-jüdische Gemeinden siedelten sich in Florenz,

blos und nur im Besitz der Kleider, die sie trugen, wühlten sie unter den staubigen Ruinen umher, bis sie bei der allgemeinen Bestürzung und Verwirrung, ein Mittel zur Flucht fanden. Vielen so befreiten Neu-Christen gelang es, sich mit ihren Familien in Verbindung zu setzen. Eilig rafften sie die Schätze zusammen, welche das Erdbeben ihnen gelassen und welche sie hinwegtragen konnten, und suchten eine Zufluchtsstätte am Bord der im Hafen liegenden englischen und holländischen Schiffe. Sie fanden hier eine gastliche Aufnahme und wurden nach duldsameren Ländern geführt. Der Inquisitions-Palast scheint nie auf seiner ersten Stelle wieder aufgebaut worden zu sein; jetzt steht dort das große Theater in der Praza de Maria Segunda gewöhnlich „Rocio" genannt.

Venedig und Leghorn an, und noch heute legt die in letzterem Orte sich befindende Synagoge ein beredtes Zeugniß von dem religiösen Sinn und dem Reichthum ihrer Erbauer ab. Am ganzen Gestade des Mittelmeeres, in Marocco, Algier, Tripolis, Tunis, Egypten, Syrien und im türkischen Reiche nebst den Inseln des Archipel fand jüdische Industrie eine heimische Stätte. Bis heute ist in allen diesen Ländern die spanische Sprache in ihrer alten Form und in hebräischen Buchstaben geschrieben, die Muttersprache von Hunderttausenden von Abkömmlingen der Exilierten.

Viele wanderten auch nach den amerikanischen Colonien aus, wohin jedoch die Inquisition ihnen folgte und sie zwang, sich nach den holländischen und englischen Inseln zu begeben, auf denen sie offen und unangetastet ihr Judenthum zur Schau tragen durften. Eine nicht kleine Anzahl Emigranten ließ sich in Holland nieder. Nachdem ihre theuer erkaufte Unabhängigkeit ihnen einmal zugesichert war, erfreuten sie sich hier anfangs einer beschränkten, aber bald einer vollen Duldung. Sie gründeten hier Synagogen, deren erste in Amsterdam 1598 eröffnet ward, errichteten Wohlthätigkeits-Anstalten und Schulen und entfalteten namentlich während des siebenzehnten und achtzehnten Jahrhunderts einen hohen Grad gemeinnütziger Thätigkeit. Auch Heinrich der II. gestattete einigen Flüchtlingen sich in Bordeaux, Bayonne und andern Städten Südfrankreichs niederzulassen, so wie auch vereinzelte nach Ungarn und Deutschland wanderten und sich mit ihren deutschen Brüdern wieder vereinigten, von denen sie viele

Jahrhunderte geschieden waren. Diese hatten seit undenklichen Zeiten Mittel-Europa bewohnt, und so eine lockere Verbindung zwischen den Sepharbim (spanischen Juden) des Ostens und denen Hollands und des Westens gebildet.

Die holländische Republik wurde ihnen ein zweites Spanien, wie Spanien ein zweites Judäa gewesen war. Frei von dem drohenden Schrecken der Inquisition warfen die Geretteten das verhaßte Gewand des Katholicismus ab, fügten ihren hochklingenden spanischen Namen, die ihnen ihre abligen Pathen am Taufbecken beigelegt hatten, hebräische bei; die Alvarezes, die de Castros, Mendozas, de Souzas, Aguilars, de Laras, da Silvas u. s. w., sie alle erinnern an die Beziehungen zu der castilianischen und lusitanischen Ritterschaft. Hier bemühten sie sich sogleich, mit den Riten und Ceremonien der jüdischen Religion vertraut zu werden, die in der langen Zeit der Heuchelei und Verstellung beinahe aus ihrer Erinnerung verwischt waren. Sie studierten wieder mit vollem Eifer die hebräische Sprache, der sie nach und nach ganz entfremdet geworden waren.

Bald regte sich auch der Sinn für schriftstellerische Thätigkeit. Eine Unzahl von Schriften in Poesie und Prosa behandelten hauptsächlich religiöse Fragen, gewöhnlich in spanischer, sonst auch in portugiesischer und vereinzelt in hebräischer Sprache. Die holländischen Juden betrieben außerdem mit großem Erfolge Industrie und Handel, wodurch sie Reichthümer ansammelten und zu Bedeutung gelangten. Die noch heute existirende prachtvolle portugiesische Synagoge zu Amsterdam, die im Jahre 1660 vollendet war, steht als ein redender Zeuge von der Bedeutsamkeit dieser Gemeinde. Vier Jahre früher hatte Manasseh ben Israel von dem Protector Cromwell eine wenn auch nicht ganz formale Erlaubniß für die Juden erlangt, den Boden Englands wieder betreten zu dürfen, und schon vor dem Ende jenes Jahrhunderts hatten sich zahlreiche Familien von Holland aus dorthin begeben; auch in Hamburg und Kopenhagen bildeten sich Gemeinden. So zerstreuten sich die spanischen Juden, die mit ihren Ueberlieferungen, ihrem Gewerbfleiße und ihrem Reichthume die ritterliche Haltung und schöne Sprache der Halbinsel nach allen Hauptplätzen der Civilisation in die Fremde nahmen.

Unter den vielen gelehrten Juden, die durch ihren Geist neuen Glanz und Ruhm über die Gemeinde Hollands ausbreiteten, steht Alle überragend Baruch de Espinosa, besser bekannt unter dem Namen Benedict Spinoza, da. Er wurde im Jahre 1632 geboren, ob auf der Halbinsel oder in Amsterdam ist nicht genau erwiesen. Dieser kühne und tiefe Denker hatte sich in früher Jugend in das Studium der hebräischen Schriften versenkt; aber bald fand er den Kreis rabbinischer Forschung zu beschränkt und so warf er sich, nach Aneignung der lateinischen Sprache, mit aller Kraft seines Geistes auf die rationalistische Philosophie des Descartes. Ohne Rückhalt sprach er unumwunden seine deistischen oder vielmehr pantheistischen Anschauungen aus und streifte das practische Judenthum vollständig ab. Eine andere Glaubensform nahm er zwar nicht an, entfremdete sich aber den Juden, die seine Philosophie entschieden abwiesen, so sehr, daß 1656 öffentlich ein „Cherem" oder eine „Ausschließung" in der Synagoge gegen ihn geschleudert wurde. Gemieden von seinem eigenen Volke, setzte er seine Studien in Zurückgezogenheit von der Welt fort. Seinen Lebensunterhalt erwarb er sich als Optiker in einer der Vorstädte Amsterdams, von wo er später nach Leyden und zuletzt nach dem Haag verzog. Seine „Principien der Philosophie", in welchen er das System mathematisch bewies und zugleich neue Gesichtspunkte für die Metaphysik erschloß, erregte nicht weniger Staunen bei den Gelehrten, als Feindschaft bei den Strenggläubigen jedes religiösen Bekenntnisses.

Später veröffentlichte er seinen „Theologisch-politischen Tractat" und seine „Metaphysische Betrachtungen"; bald nach seinem Tode erschienen seine nachgelassenen Werke, welche auch die berühmte Abhandlung, „die Ethik, mathematisch bewiesen", enthielten.

In allen seinen Schriften zeigt Spinoza eine wunderbare Gedankentiefe und tiefschneidigen Scharfsinn, aber leider führten seine Untersuchungen nie zu Resultaten für das praktische Leben, da seine Forschungen jene unauflösbaren Geheimnisse behandeln, die das menschliche Fassungsvermögen hinter sich zurücklassen: die Natur der Gottheit und den Ursprung und die Bestimmung der Menschheit. Obgleich er mit den meisten großen Denkern und vielen berühmten zeitgenössischen Persönlichkeiten in Verkehr stand, führte er dennoch ein einfaches, dunkles Leben. Er war nie ein körperlich starker Mann, und die heftige Verfolgung, der er ausgesetzt war, zehrte wohl seine Kräfte früh auf; er starb 1677 in dem Haag in seinem 46. Lebensjahre.

Wenn der Raum es uns gestattete, hätten wir noch vieler anderer ausgezeichneten Schriftsteller, in deren Schriften meistentheils Feinheit des Styles und Tiefe des religiösen Gefühles vorherrschten, zu erwähnen. Nicht unbeachtet wollen wir lassen, daß die spanischen Juden nicht weniger vermöge ihrer geistigen Ueberlegenheit, als auf Grund ihrer Wohlhabenheit in der Geschichte der damaligen Zeit eine wichtige Rolle spielten. Viele bedeutungsvolle Unternehmungen des Zeitalters wurden mit den Geldmitteln spanisch-jüdischer Capitalisten ausgeführt, so unter andern auch die Expedition Wilhelms von Oranien, die ihn auf den britischen Thron brachte.

Zum Schluß wollen wir noch einen Blick auf jene unglücklichen Juden werfen, die unter dem Namen „Neu-Christen" auf der Halbinsel zurückblieben. Die Inquisition setzte, wie wir gesehen haben, ununterbrochen ihre Arbeit fort und wachte wie ein unheilbringender Dämon über die Gedanken und Handlungen der Menschen. Die armen Marranen, äußerlich die devotesten der ganzen katholischen Bevölkerung, beobachteten im Geheimen und Verschwiegenen die Gebräuche des alten Glaubens und trotzten der Gefahr, der sie sich dadurch aussetzten. Angeber wurden für ihre Denunciationen reich belohnt, und Verdacht war so leicht erweckt, daß Niemand sich in seinem eigenen Hause vor dem Verrath seiner Diener, vor geheimen Feinden oder unvorsichtigen Freunden sicher fühlte. Bei der größten Vorsicht sahen sich die Neu-Christen nicht vor der Gefahr geschützt, durch Zeichen eine Hinneigung zum Judaismus zu verrathen. Ihre Gewohnheiten, ihre Kleider und besonders ihr Essen und Trinken wurde sorgfältig überwacht. Ihre Zurückhaltung, katholische Riten auszuführen oder die Weise, wie sie dieselben beobachteten, ihr Verhalten an jüdischen Sabbathen und Festtagen, ja ihre Mienen und Blicke waren Gegenstand eifrigster Nachforschung. Oft wurde die geringste, absichtsloseste Handlung überbracht und unerwartet klopften die Familiaren des heiligen Gerichts= hofes an die Thür, um das nichts Böses ahnende Schlacht= opfer für Monate oder Jahre, vielleicht für Lebenszeit, in die Kerker zu führen.

So lebten Geschlechter und Geschlechter von geheimen Juden, vermischt mit allen Klassen der Gesellschaft, im Besitze jeder Stellung im Staate und besonders in der Kirche, in beständiger Furcht und stetem Zittern, jedoch glaubensfest im Innern; für ihre Glaubenstreue lieferten sie von Zeit zu Zeit den Kerkern und Scheiterhaufen ihren regelmäßigen Tribut. Zum Theil in Folge des Wider= willens des Volkes, sein Blut mit dem der „verfluchten Brut Israels" zu vermischen, zum Theil in Folge des Bestrebens der Marranen, die Erinnerung an das Juden= thum in ihrer Nachkommenschaft stets lebendig zu erhalten, verheiratheten sich die Neu=Christen gewöhnlich unter sich; aber es geschah auch nicht selten, daß das blaueste Blut Altspaniens sich herabließ, sich mit reichen Erbinnen jüdischer Abstammung zu verbinden und es gab gewiß nur wenige hochadlige Familien in Spanien und Portugal, in deren Adern nicht das Blut jüdischer Voreltern rollte. In welcher Ausdehnung dieses der Fall war, lehrt folgende historisch begründete Erzählung. Um die Mitte des vorigen Jahr=

hunderts fragte Joseph, der König von Portugal, seinen großen Minister Pombal, ob es nicht rathsam sei, von den Neu=Christen einen besonderen Hut zum Erkennungszeichen tragen zu lassen, um sie getrennt von Personen „reinen" Blutes zu halten. Am nächsten Tage brachte der kluge Staatsmann dem Könige drei Hüte dieser Art. Auf die Frage, für wen sie bestimmt wären, erwiderte er: „der Eine ist für den Groß=Inquisitor, ein Anderer für mich und der Dritte für Eure königliche Hoheit", damit andeutend, daß jüdisches Blut in Aller Adern ronne.

Durch immerwährende Auswanderung, die den ge= heimen Juden in Portugal 1629 durch ein Gesetz gestattet wurde, durch unermüdete Verfolgung, durch Heirath und durch die naturgemäße Folge der Trennung von ihren übrigen Brüdern gingen die Juden immer mehr und mehr in der Bevölkerung auf. Jedoch noch im letzten Jahr= hundert verließen neu=christliche Familien, in Gruppen oder vereinzelt die Halbinsel und nahmen nach mehr als zwei hundert Jahren der Verstellung das Judenthum offen wieder an. Selbst noch in unseren Tagen sollen vereinzelte Fälle dieser Art vorgekommen sein.

Seit dem Anfang des neunzehnten Jahrhunderts ist es fremden Juden wieder gestattet, sich in Portugal nieder= zulassen und gegenwärtig giebt es Synagogen in Lissabon und in zwei oder drei andern Städten; die Inquisition hatte zwar ihre Thätigkeit schon lange eingestellt, aber gesetzlich wurde sie erst 1821 aufgehoben. In Spanien machte ihr Napoleon 1808 ein Ende; als aber Ferdinand VII. wieder zur Herrschaft gelangte, setzte er den heiligen Ge=

richtshof aufs Neue ein und die Reaction erfolgte. Erst 1820 wurde sie, wie wir hoffen, für immer geschlossen. Heute giebt es wahrscheinlich in Portugal so wenig, wie in Spanien, geheime Juden; in entlegenen Theilen Andalusiens und gewissen Districten, besonders in der Nachbarschaft von Braganza, woselbst der größere Theil der Bevölkerung erwiesenermaßen jüdischen Ursprunges ist, haben sich noch einige Gebräuche, die an jüdische Tradition erinnern, erhalten. Die Bedeutung solcher Uebungen hat sich jedoch ganz verloren und man kennt sie nur als Gewohnheiten ungewissen Ursprungs, die von früheren Generationen überliefert wurden. Der Ansiedelung der Juden in Spanien werden heute keine Schwierigkeiten entgegengestellt; aber der Bau einer Synagoge ist noch nicht versucht und würde wahrscheinlich nicht gestattet werden. Trotz einiger vagen Clauseln der Constitution, die Duldung verheißen, schleicht der Geist der Inquisition noch in den Anschauungen des Volkes und das Edict Ferdinands und Isabellas ist bis heute noch nicht auf dem Wege der Gesetzgebung zurückgenommen.